AUTENTICKÁ UKRAJINSKÁ KUCHYNĚ

100 autentických tradičních receptů z Ukrajiny. Zdravá nízkokalorická veganská/vegetariánská strava pro snadné a stylové hubnutí

Veronika Kopecká

Materiál chráněný autorským právem ©2024

Všechna práva vyhrazena

Žádná část této knihy nesmí být použita nebo přenášena v jakékoli formě nebo jakýmikoli prostředky bez řádného písemného souhlasu vydavatele a vlastníka autorských práv, s výjimkou krátkých citací použitých v recenzi. Tato kniha by neměla být považována za náhradu lékařských, právních nebo jiných odborných rad.

OBSAH

- OBSAH 3
- ÚVOD 6
- SNÍDANĚ 7
  - 1. Ukrajinské bramboráky 8
  - 2. Ukrajinský žitný chléb 10
  - 3. Snídaně ukrajinské vesnice 12
  - 4. Ukrajinská snídaně hash 14
  - 5. Ukrajinské sýrové palačinky 17
  - 6. Ukrajinský snídaňový sendvič 19
  - 7. Ukrajinský medovo-citronový čaj 21
  - 8. Ukrajinský černý chléb 23
  - 9. Ukrajinský chléb z kysaného zelí 25
- PŘEDKRMY A SVAČINKY 28
  - 10. Ukrajinské měsíčky mandlí 29
  - 11. Ukrajinské třešňové knedlíky 31
  - 12. Ukrajinská babbka 33
  - 13. Cuketové okurky 36
  - 14. Rychlá nakládaná okurka 38
  - 15. Nakládané houby 40
  - 16. Tradiční koblihy 42
  - 17. Andělská křídla 45
  - 18. Ukrajinská pizza 47
  - 19. Veganské Pierogi Bites 49
  - 20. B bageta s houbami 51
  - 21. Veganské sýrové buchty 53
  - 22. Hokus pokus 56
  - 23. Houbová pohanková mísa 58
  - 24. S nízko pečený pórek 61
  - 25. Uzená cibulka a mák b read roll 63
  - 26. Kokosová kobliha 66
  - 27. Kedlubnový řízek 68
  - 28. Palačinky s droždím 70
  - 29. Předkrm se švestkami 72
  - 30. Veganské palačinky se švestkovým máslem 74
- POLÉVKY A SALÁTY 76
  - 31. Řepná polévka na ukrajinský způsob 77
  - 32. Ukrajinský boršč z okurky a citronu 80
  - 33. Kyselá nakládaná polévka 82
  - 34. Boršč 84
  - 35. Jahodová / borůvková polévka 86
  - 36. Zelňačka 88

37. Sladkokyselé červené zelí...90
38. Bzvýšené červené zelí s malinami...92
39. Zeleninová polévka..94
40. Rajská polévka..96
41. Nakládaná polévka...98
42. Kyselá žitná polévka...100
43. Polévka z chlazené řepy..102
44. Ovocná polévka..104
45. Bramborová polévka...106
46. Citronová polévka..108
47. Chřestová polévka..110
48. Salát z řepy...112
49. Salát z celeru a pomeranče..114
50. Zeleninový salát..116
51. Okurky v kokosovém krému..118
52. Kedlubnová polévka...120
53. Ukrajinská fazolová polévka..122

HLAVNÍ CHOD 124

54. Gefullte ryby z Ukrajiny..125
55. Ukrajinské koprové kuře...127
56. Ukrajinský masový a rybí guláš..129
57. Ukrajinský kotlík pečený...131
58. Ukrajinské zelí závitky s jáhlou..133
59. Ukrajinské hovězí strogano ff..135
60. Vegetariánský bigos...137
61. Ukrajinské knedlíky...139
62. Sladké tvarohové sendviče..141
63. R led s jablky..143
64. Nudle a knedlíky...145
65. Nudle a veganské sýry e...147
66. Makarony s jahodami...149
67. Nudle s houbami...151
68. Veganský sýr s ředkvičkami..153
69. Pasta s mákem..155
70. Ukrajinská ryba..157
71. Zelné závitky..160
72. Potato and Vegan Cheese Pierogi _ 162
73. Pečené pivní tofu...165
74. Sladké bramborové pierogi...167
75. Veganské těstoviny se špenátovými kuličkami 170
76. Brambor a Mrkvové pierogy..172
77. Vařené knedlíky..175
78. Borůvkový pierogi...177
79. Meruňkový Kolache...180

DEZERTY 182

- 80. ukrajinské chrustyky 183
- 81. Ukrajinský tvarohový koláč 185
- 82. Bajaderki 187
- 83. Mazurek s čokoládovým krémem 189
- 84. Bundtův koláč z dýňového droždí 191
- 85. Krémové rohlíky 193
- 86. Oplatky 195
- 87. Sváteční jablečný koláč 197
- 88. Bramborové perníkové sušenky 199
- 89. Pečená jablka s ovocem a ořechy 201
- 90. Veganský Berry cheesecak e 203
- 91. Sladký obilný pudink 205
- 92. Ořechové půlměsícové sušenky 207
- 93. Švestkový guláš 209
- 94. Marmeláda 211
- 95. velikonoční dort 213
- 96. Pudinkový vanilkový pudink 215
- 97. Cream F udge _ 217
- 98. Mandle v C hocolate P lums 219
- 99. Veganské sladké sýrové rolky 221
- 100. Ukrajinské dušené zelí soufflé 224

ZÁVĚR 226

ÚVOD

Vítejte v „Autentické ukrajinské kuchyni", kulinářské cestě přes 100 oduševnělých receptů, které zachycují srdce ukrajinské kuchyně. Tato kuchařka je oslavou bohatých a rozmanitých chutí, tradic a vřelosti, které definují ukrajinskou kuchyni. Připojte se k nám a prozkoumejte tradiční pokrmy, které se předávaly z generace na generaci, a vytvářejte tapisérii chutí, které odrážejí duši a ducha Ukrajiny.

Představte si kuchyni plnou vůní vydatného boršče, syčení pikantních varenyky a sladkosti tradičních ukrajinských dezertů. „Autentická ukrajinská kuchyně" je víc než jen sbírka receptů; je to pozvánka zažít pohostinnost, radost a pohodlí, které přináší ukrajinská kuchyně. Ať už máte ukrajinské kořeny, nebo vás jednoduše přitahují chutě východoevropské kuchyně, tyto recepty jsou vytvořeny tak, aby vás inspirovaly k tomu, abyste znovu vytvořili autentické chutě Ukrajiny.

Od klasických pierogi po uklidňující holubtsi, každý recept je oslavou rozmanitých a oduševnělých chutí, které definují ukrajinskou kuchyni. Ať už plánujete rodinnou hostinu nebo zkoumáte lahůdky ukrajinských sladkostí, tato kuchařka je vaším oblíbeným zdrojem, jak zažít celé spektrum ukrajinských kulinářských tradic.

Přidejte se k nám, když se vydáme na cestu „Autentickou ukrajinskou kuchyní", kde každý výtvor je důkazem oduševnělé a potěšující povahy ukrajinské kuchyně. Takže si nasaďte zástěru, přijměte bohatství ukrajinské pohostinnosti a pojďme se ponořit do 100 oduševnělých receptů, které zachycují podstatu této oblíbené kulinářské tradice.

SNÍDANĚ

1.Ukrajinské bramboráky

SLOŽENÍ:
- 1 velká cibule; strouhaný
- 6 brambor; oloupané a nastrouhané
- 2 lžíce mouky
- 2 vejce
- 2 lžičky soli
- ¾ lžičky černého pepře
- 1-litr zakysané smetany
- ½ pinty krému

INSTRUKCE:
a) Ve velké míse pomocí mixéru rozmixujte ingredience kromě zakysané smetany a smetany. Můžete to udělat také v kuchyňském robotu nebo mixéru. Na pánvi rozpálíme olej a když je horký, přidáme velkou lžíci směsi. Vařte do zhnědnutí na jedné straně. Otočte a opakujte. Po dokončení vyjměte, sceďte a vložte do vyhřáté trouby.

b) Zakysanou smetanu a smetanu smícháme dohromady.

c) Podávejte teplé s velkým kopečkem smetanové směsi! Jedná se o základ v ukrajinských domácnostech a tyto palačinky se dobře skladují v lednici po dobu 2-3 dnů. V mnoha domácnostech se na těchto lahodných palačinkách podává také zavařenina nebo džem.

2.Ukrajinský žitný chléb

SLOŽENÍ:
- 1 lžička droždí
- ¼ šálku teplé vody
- Droždí rozpusťte v
- Voda
- 1 šálek silné kávy
- 1 lžička melasy Blackstrap
- 3 hrnky žitné celozrnné mouky
- ⅓ šálku celozrnné pohankové mouky
- 1¼ lžičky soli

INSTRUKCE:
a)   Smíchejte suché přísady. Přidejte ¾ šálku kávy a kvasnicový roztok. V případě potřeby použijte zbytek kávy, pokud je směs příliš suchá. Použijte vodu na ruce k hnětení těsta po dobu 5-10 minut.

b)   Přikryjeme a necháme 2 hodiny odpočívat při pokojové teplotě. Moc se nezvedne. Opět použijte vodu na ruce a těsto krátce prohněteme. Znovu přikryjte a nechte kynout dalších 30 minut přikryté vlhkou utěrkou. Z těsta vytvarujte 1 nebo 2 dlouhé tenké bochánky, opět pomocí vody na ruce.

c)   Těsto dejte na plech vymazaný tukem nebo vysypaný moukou. Těsto kyněte na teplém a vlhkém místě asi 45 minut, dokud těsto nezměkne. Bude malý vzestup.

d)   Pečte při 450 stupních 20 minut s pánví vody v troubě.

e)   Pečte při 375 stupních F. dalších 30 minut bez vody.

3.Snídaně ukrajinské vesnice

SLOŽENÍ:
- 50 g larda, nakrájeného
- 1 šalotka, nakrájená na tenké plátky
- 1 kuřecí prso z volného chovu, podélně nakrájené na tenké plátky
- 100 g kapusty
- 4 středně velká vejce z volného chovu

INSTRUKCE:
a) Lardo vařte ve velké pánvi na středním plameni asi 5 minut, dokud se většina tuku nerozpustí (rozpustí). Přidejte šalotku a vařte, dokud nezačne zlátnout (asi 4 minuty).
b) Přidejte kuře (pokud používáte) a vařte 2 minuty, poté přidejte kapustu a vařte dalších 5 minut.
c) Nakonec rozklepněte vejce, okořeňte a povařte. Můžete je nechat vcelku a vařit, dokud bílky neztuhnou a žloutky ještě tekuté, nebo je přimíchat, aby se promíchaly – bude to chutnat skvěle tak jako tak.

4.Ukrajinská snídaně hash

SLOŽENÍ:

- 10 yukonových zlatých nebo červenohnědých brambor nakrájených na kostky
- 2 lžíce čerstvého dětského kopru, nasekaného
- 1 cibule (střední) nakrájená
- ⅔ šálek tekutiny z kysaného zelí vytlačeného a nakrájeného najemno,
- 1 375 gramů kroužkové dvojité uzené ukrajinské klobásy, nakrájené na kolečka
- 2 ½ šálku žampionů nakrájených na plátky
- 1 nakrájená zelená paprika
- 2 lžíce rostlinného oleje
- 3 lžíce másla
- 1 šálek suchého tvarohu
- 2 stroužky česneku d
- 1 lžička soli
- ½ lžičky pepře
- vejce

INSTRUKCE:

a) Brambory nakrájejte na kostky a vařte brambory v mikrovlnné troubě na nezakrytém talíři/talíři přibližně 15 minut nebo dokud vidličkou snadno neprorazí kousky brambor, ale stále jsou pevné/drží tvar.

b) Mezitím: zahřejte olej ve velké pánvi/pánvi na středně vysokou a kubassu/kielbasu opékejte 3–4 minuty za pravidelného míchání a překlápění, poté vyjměte na talíř. Dát stranou.

c) Přidejte do pánve ještě 1 polévkovou lžíci oleje na vaření a poté na středně nízké teplotě 5 minut smažte zelenou papriku, cibuli a česnek. Přidejte houby a vařte další 3-4 minuty. Dejte stranou do samostatné misky.

d) Přidejte máslo do pánve a vařte brambory za pravidelného míchání a překlápění po dobu 15 minut, dokud zvenku nezhnědnou a uvnitř nezměknou.

e) Poté přidejte směs zelené papriky/cibule zpět do pánve, stejně jako kubassu, kysané zelí, suchý tvaroh, jíšku a za stálého míchání vařte dalších přibližně 10 minut.

f) Pokud používáte vejce: uvařte vejce podle své chuti a položte na haši.

5. Ukrajinské sýrové palačinky

SLOŽENÍ:
- 275 g farmářského sýra
- 1 vejce
- 50 g hladké mouky
- 2 lžíce moučkového cukru
- Špetka soli

INSTRUKCE:
a) ingredience dejte do mixéru a rozmixujte
b) Odeberte lžíci směsi a vsypte do mouky. Přetočte tak, aby byla zvenčí pokryta moukou. Mírně zploštit. Dejte na pomoučený plech nebo přímo na pánev.
c) Smažíme z každé strany asi 3-4 minuty dozlatova.
d) Podáváme s marmeládou a zakysanou smetanou

6. Ukrajinský snídaňový sendvič

SLOŽENÍ:
- 1 vejce
- 1 lžíce suchého tvarohu
- ½ lžičky kopru
- 1 lžíce zakysané smetany
- ⅓ šálku nakrájené ukrajinské kielbasy
- 1 lžička hořčice
- ½ lžičky křenu
- 1 celozrnný anglický muffin
- 2 plátky rajčat

INSTRUKCE:
a) Toastový anglický muffin.
b) Nastříkejte dovnitř hrnku na kávu nepřilnavým sprejem na vaření. Rozbijte vejce do hrnku a přidejte suchý tvaroh a kopr. Vteřinu jemně míchejte a snažte se nerozbít žloutek.
c) Vložte vaječnou směs do mikrovlnné trouby na 30 – 40 sekund (s krytem) nebo dokud vejce neztuhne. Jemně uvolněte přejetím nožem mezi vnitřkem hrnku a vejcem.
d) Zakysanou smetanu, křen a hořčici smícháme dohromady. Anglický muffin rovnoměrně rozetřeme z každé strany.
e) Jednu stranu anglického muffinu položte na plátky nakrájenou kielbasou a opatrně vysuňte vařené vejce z hrnku a na něj kielbasu.
f) Přidejte nakrájené rajče. Navrch dejte druhou polovinu anglického muffinu.
g) Ihned podávejte.

7. Ukrajinský medovo-citronový čaj

SLOŽENÍ:
- 8 polévkových lžic Oranžové listy indického čaje
- 6 polévkových lžic Citronová šťáva čerstvě vymačkaná
- 2 polévkové lžíce Citronová kůra čerstvě nastrouhaná
- 1 šálek Miláček

INSTRUKCE:
a) Vložte čajové lístky a citronovou kůru do plátěného sáčku a uzavřete.

b) Přiveďte 2¼ litru vody k varu, přidejte sáček, citronovou šťávu a med.

c) Vařte 5 minut, vypněte teplo a nechte 10 minut louhovat.

d) Podávejte horké

8. Ukrajinský černý chléb

SLOŽENÍ:
- 1 lžička Aktivní suché droždí
- ¼ šálku ; Voda , teplá (ne horká!)
- 1 šálek Káva, SILNÁ; ochlazené
- 1 lžička Blackstrap melasa
- 3 šálky Celá žitná mouka
- ½ šálku Celozrnná mouka
- 1¼ lžičky Sůl

INSTRUKCE:

a) Droždí rozpustíme ve vlažné vodě. Do kávy vmícháme melasu.

b) Smíchejte suché přísady . Vmícháme mokré a hněteme těsto 10-12 minut. Těsto v tomto okamžiku zakryjte v misce a nechte 2 hodiny odležet. Vyjměte a znovu hněťte 3-4 minuty. Vytvarujte do mleté koule a přikryjte ji dalších 30 minut.

c) Vezměte kouli mezi ruce a vyválejte ji do dlouhého tenkého tvaru podobného bochníku francouzského chleba o průměru přibližně 2-3 palce. Při manipulaci s těstem ve všech dosavadních fázích dbejte na to, abyste měli ruce vlhké. Vymažte plech na cukroví a položte na něj těsto. Těsto pečte v teplé troubě (asi 85 stupňů F.) po dobu 45 minut.

d) Pečte ve vlhké troubě při teplotě 375 °F (v kovové misce vložte do trouby 1 šálek vody) po dobu 20 minut.

e) Vyjměte misku s vodou a pokračujte v pečení dalších 30 minut při 375 stupních F. Vznikne tak jeden dlouhý bochník nebo z něj mohou být 2 kratší bochníky nebo dokonce rolky.

9. Ukrajinský chléb z kysaného zelí

SLOŽENÍ:
- 1½ šálku Opařené nízkotučné podmáslí
- ½ šálku Vlažná voda (98 až 110
- stupně F)
- 1 balení Aktivní suché droždí
- 2 polévkové lžíce Světlý med
- 4 Vejce
- 14 šálků Celozrnná pšenice popř
- Nebělená bílá mouka
- 3 polévkové lžíce Slunečnicový olej
- 2 šálky Scezené kysané zelí
- ½ šálku Strouhaná mrkev
- ½ lžičky Pepř
- ½ lžičky Náhrada bylinné soli

INSTRUKCE:

a) Ve velké misce smíchejte podmáslí, vodu, droždí a med. Míchejte, dokud se droždí nerozpustí a nechte 5 minut odstát.

b) V malé misce rozšleháme vejce a přidáme ke směsi droždí. Vmíchejte 5 až 6 šálků mouky nebo tolik, aby vzniklo husté těsto. Dobře promíchejte a nechte 20 minut stát.

c) Těsto intenzivně mícháme 1 minutu, poté přidáme 2 lžíce oleje a tolik mouky, aby vzniklo husté těsto. Lehce pomoučněte desku nebo prkénko a vyklopte těsto na desku. Hněteme, dokud nebude hladké a elastické (5 až 10 minut). Mísu lehce naolejujte a vložte do ní uhnětené těsto. Mísu přikryjte utěrkou a nechte 40 minut kynout.

d) Těsto protlačte, poté znovu přikryjte a nechte dalších 30 minut kynout.

e) Zatímco těsto podruhé kyne, smíchejte zbývající olej, kysané zelí, mrkev, pepř a náhražku soli v malém hrnci. Tuto směs vařte odkrytou na středně vysokém ohni 10 minut za častého míchání. Odstraňte z ohně a nalijte do cedníku umístěného nad dřezem. Kysané zelí necháme 10 minut okapat.

f) Lehce naolejujte pekáč o rozměrech 9 x 12 palců a předehřejte troubu na 350 stupňů F. Těsto rozdělte na 2 kuličky a každou rozválejte do obdélníku o rozměrech 9 x 12 palců. Vložte jeden obdélník do pekáče. Na to lžící dáme směs kysaného zelí. Na kysané zelí položíme druhý obdélník těsta. Sáhněte do pánve a sevřete okraje spodní a horní vrstvy těsta k sobě, pevně uzavřete. Necháme 10 minut kynout.

g) Chléb z kysaného zelí pečte do zhnědnutí (asi 45 minut). Mělo by se snadno zvednout z pánve. Necháme vychladnout na mřížce a poté nakrájíme na silnější měsíčky.

PŘEDkrmy A SVAČINKY

10. Ukrajinské měsíčky mandlí

SLOŽENÍ:
- 2 hrnky nebělené bílé mouky
- 1 balení Suché droždí
- 1 šálek sladkého másla, pokojová teplota
- 2 žloutky, rozšlehané
- ¾ šálku zakysané smetany

PLNICÍ:
- 2 šálky mandlí, opražených a hrubě mletých
- ⅔ šálku až 3/4 c hnědého cukru, pevně zabalené
- 2 vaječné bílky
- 1 špetka soli

INSTRUKCE:
a) Na pečivo smíchejte mouku a droždí ve středním množství. miska.
b) Máslo nakrájejte vidličkou, dokud směs nebude připomínat hrubou mouku. Vmícháme žloutky a zakysanou smetanu a dobře promícháme. Směs bude stále drobivá.
c) Rukama z těsta vytvarujte kouli, co nejméně propracujte. Čím méně hnětete, tím křehčí bude pečivo. Těsto bude lepivé. Zabalte ho do voskovaného papíru a nechte alespoň 2 hodiny chladit.
d) Náplň připravíme smícháním mletých mandlí a cukru v malé misce. Z bílků a soli ušlehejte tuhý, ale ne suchý sníh a opatrně je vmíchejte do ořechové směsi.
e) Předehřejte troubu na 375F. Když je těsto důkladně vychladlé, rozdělte ho na tři kuličky. Pomocí pomoučněného vále vyválejte tři kolečka o tloušťce asi ⅛". Pracujte na dobře pomoučeném povrchu, aby se těsto nelepilo.
f) Každý kruh nakrájejte na osm klínků ve tvaru koláče a klínky potřete náplní. Začněte na širokém konci, každý klín srolujte jako malý rohlík a poté konce vytáhněte do oblouku, abyste vytvořili „roh". Ujistěte se, že je špička na dně, aby se "rohy" při pečení nerozevřely.
g) Mandlové měsíčky položte na lehce olejem vymazaný plech a pečte asi 30 - 40 minut, dokud nezezlátnou a nezezlátnou.

11. Ukrajinské třešňové knedlíky

SLOŽENÍ:
- 2 šálky univerzální mouky; proséval
- 1 lžička soli
- 2 vejce
- 1½ šálku Konzervované vypeckované višně, okapané
- ½ šálku vody
- 1 vaječný bílek
- 1 až 3 lžíce cukru

INSTRUKCE:
a) Hněťte na pomoučeném válu. Vytvarujte do koule a nechte 1 hodinu stát. Na pomoučeném válu vyválejte velmi tenké. Nakrájejte na malá kolečka o průměru asi 4 palce.
b) Na spodní polovinu každého kruhu dejte 1 lžíci ovocné náplně. Okraje potřeme lehce rozšlehaným bílkem. Těsto přelijte, aby vytvořilo půlkruh, a okraje přitiskněte k sobě. Po několika vhoďte do velké konvice s vroucí vodou a zprudka vařte 15 až 20 minut, nebo dokud knedlíky nevyplavou na povrch. Vyjměte děrovanou lžící a sceďte. Podávejte teplé. Podávejte s teplou třešňovou šťávou a hustou smetanou, pokud chcete.
c) Do malého hrnce dejte třešně a cukr a vařte 5 minut.

12.Ukrajinská babbka

SLOŽENÍ:
- 1 balení Aktivní sušené droždí
- špetka cukru
- ¼ šálku teplé vody
- ½ šálku nesoleného másla, rozpuštěného
- ¼ šálku cukru
- 1½ lžičky soli
- 2 lžičky vanilkového extraktu
- ½ lžičky mandlového extraktu
- ¾ šálku teplého mléka
- 3 vejce
- 4 šálky nebělené víceúčelové mouky
- 2 lžíce nesoleného másla na potírání těsta
- 3 lžíce vanilkového moučkového cukru nebo moučkového cukru
- 1½ šálku suchého tvarohu
- ⅓ šálku cukru
- 1½ lžíce zakysané smetany
- 1½ lžíce mouky
- 1 každé vejce
- 1 lžička citronové kůry
- ½ lžičky vanilkového extraktu
- 3 lžíce rybízu
- 2 lžíce koňaku na 1/2 hodiny

INSTRUKCE:
a) Do teplé vody v malé misce přisypte droždí a cukr a míchejte, aby se rozpustily. Necháme stát do zpěnění, asi 10 minut. Ve velké míse smíchejte máslo, cukr, sůl, vanilku, mandle, mléko, vejce a 1 šálek mouky. Šlehejte do hladka metličkou. Přidejte kvasnicovou směs. Šlehejte 3 minuty nebo do hladka.
b) Přidávejte mouku po ½ šálku vařečkou, dokud nevznikne měkké těsto. Těsto vyklopte na lehce pomoučněnou plochu a hněťte, dokud nebude hladké a hedvábné, asi 5 minut.
c) Ujistěte se, že těsto zůstává měkké. Vložte do vymaštěné mísy, jednou otočte, aby byl vrch namazaný, a přikryjte plastovým obalem. Necháme na teplém místě kynout, dokud se

nezdvojnásobí, asi 1½ hodiny. Mezitím v míse smíchejte ingredience na náplň a vyšlehejte do krémova. Těsto jemně vyklopte, vyklopte na lehce pomoučněnou desku a vyválejte nebo uplácejte na obdélník 10 x 12 palců.

d) Potřeme rozpuštěným máslem. Potřete náplní a nechte kolem těsta ½ palcový okraj. Srolujte módu želé rolky a sešpněte švy. Držte jeden konec a otočte těsto asi 6 až 8krát, abyste vytvořili provaz.

e) Zformujte do plochého kotouče a vložte do dobře vymazané 10 až 12 šálkové formy nebo trubkové formy. Stiskněte konce a upravte těsto tak, aby leželo rovnoměrně na pánvi, ne více než z ⅔ plné.

f) Volně přikryjte plastovou fólií a nechte kynout až po horní část pánve, asi 45 minut. Pečte v předehřáté troubě na 350 °F po dobu 40 až 45 minut, nebo dokud nebudou zlatavě hnědé a dortový tester nevyjde čistý. Při poklepání se ozve dutý zvuk. Nechte 5 minut stát na pánvi, poté přendejte z pekáče na mřížku, aby úplně vychladla.

g) Před krájením nechte stát 4 hodiny nebo přes noc, zabalené v plastu. Popráším moučkovým cukrem nebo zakápneme moučkovou cukrovou polevou.

13. Cuketové okurky

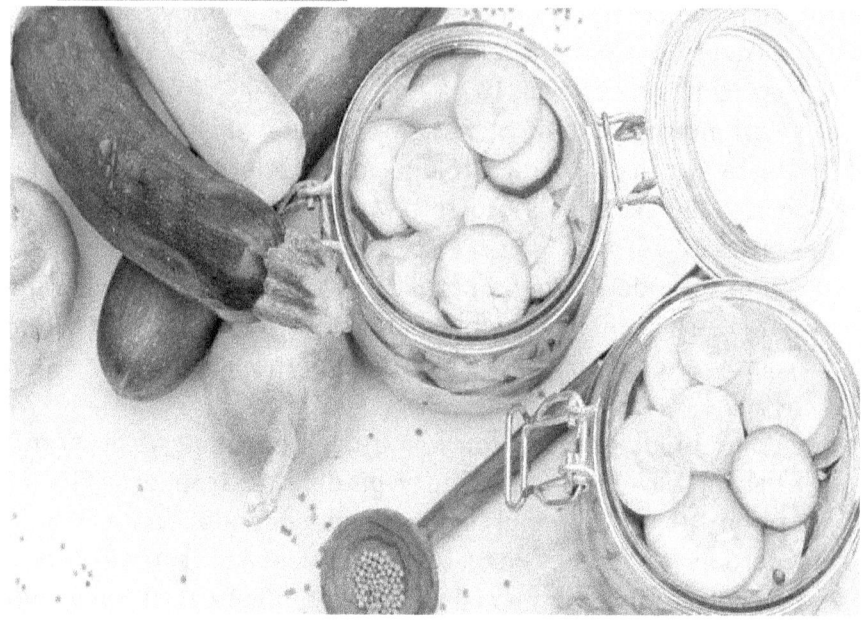

SLOŽENÍ:
- 3 kg cukety (směs žluté a zelené)
- 5 lžic soli
- 500 g cibule
- 500 g mrkve, nastrouhané
- 1 kg červené papriky, nakrájené na kostičky
- 250 ml dvojitého octa (10%)
- 200 g krupicového cukru
- 1 lžička bobulí nového koření
- 1/2 lžičky mletého chilli
- 3 lžičky bílého hořčičného semínka
- 1 lžíce kuliček černého pepře
- 1 lžička semínek koriandru
- 6 bobkových listů
- rostlinný olej

INSTRUKCE:

a) Cukety důkladně omyjeme, ale neloupeme. Škrabkou na zeleninu nakrájejte nebo nakrájejte na dlouhé tenké kousky. Přidejte do mísy a dochuťte 3 lžícemi soli. Všechny ingredience smícháme v míse a necháme 2 až 3 hodiny odstát.

b) Oloupejte a nakrájejte cibuli, poté ji vložte do samostatné misky se zbylou solí a dobře promíchejte. Nechte 2 až 3 hodiny na přípravu.

c) Slijte tekutinu, která se nashromáždila v cuketách a cibuli. Ve velké mixovací nádobě smíchejte cuketu, cibuli, nakrájenou mrkev a nakrájenou papriku.

d) V hrnci přiveďte k varu ocet, poté přidejte cukr a koření (kromě bobkového listu). Ještě horkou s ní přelijeme zeleninu. 3 hodiny marinování

e) Sklenice sterilizujte tak, že do nich přenesete zeleninu a tekutinu. Sklenice uzavřeme víčkem a do každé přidáme 1 bobkový list a 1 lžíci oleje.

f) Do velkého hrnce vyloženého čistou utěrkou umístěte sklenice a přidejte tolik horké vody, aby vyteklo do 3/4 po stranách sklenic.

g) Přiveďte k varu a poté vařte 20 až 30 minut ve vroucí vodní lázni na pánvi vyložené čistým ručníkem, přičemž horká voda sahá do 3/4 výšky sklenic.

14. Rychlá nakládaná okurka

SLOŽENÍ:
- 1/2 cibule, jemně nakrájené
- 75 ml bílého octa
- 100 g moučkového cukru
- 3/4 lžičky soli
- 1 okurka, omytá a nakrájená na tenké plátky

INSTRUKCE:
a) Smíchejte nakrájenou cibuli, ocet, cukr a sůl v malé nádobě.
b) Před podáváním dejte do lednice alespoň na 30 minut, promíchejte s nakrájenou okurkou.

15. Nakládané houby

SLOŽENÍ:
- 1,5 kg malých hub
- 2 lžičky soli
- 250 ml 10% bílého octa
- 750 ml vody
- 1 cibule, nakrájená na kroužky
- 1 1/2 lžičky soli
- 3 až 4 lžičky cukru
- 10 kuliček černého pepře
- 3 bobule nového koření
- 1 bobkový list

INSTRUKCE:
a) Pomocí suchého hadříku houby okrájíme a očistíme. Vařte 30 minut na mírném ohni po přenesení na pánev s 2 l vroucí vody a 2 lžícemi soli.
b) V míse smíchejte ocet a 750 ml vody. Smíchejte cibuli, 1 1/2 lžičky soli, cukr, kuličky pepře, nové koření a bobkový list ve velké míse. Přiveďte k varu a poté na 5 minut snižte teplotu.
c) Uvařené houby po scezení dejte do sterilovaných skleniček. Pevně uzavřeme víčky a zalijeme horkou solankou. Před podáváním nechte 3 až 4 týdny vychladnout před chladem.

16. Tradiční koblihy

SLOŽENÍ:
- 2 balíčky aktivního sušeného droždí (4 1/2 lžičky)
- 1 1/2 šálku rostlinného mléka, teplého, asi 110 F
- 1/2 šálku krystalového cukru
- 1/2 šálku kokosového másla při pokojové teplotě
- 1 lžíce brandy nebo rumu
- 1 lžička soli
- 4 1/2 až 5 šálků univerzální mouky
- 1 galon rostlinného oleje, pro hluboké smažení
- Asi 1/2 šálku krupicového cukru na válení g
- Asi 1/2 hrnku cukrářského cukru na válení
- 1 šálek džemu nebo ovocné pasty pro plnění, volitelně

INSTRUKCE:
a) V malé misce rozpusťte droždí v teplém rostlinném mléce. Po zamíchání odstavte, aby se rozpustil.
b) Smíchejte cukr a kokosové máslo ve velké míse nebo ve stojanovém mixéru vybaveném lopatkovým nástavcem, dokud nezpění.
c) Vmíchejte brandy nebo rum a také sůl, dokud se dobře nespojí.
d) Pomocí lopatkového nástavce střídavě přidávejte 4 1/2 šálku mouky a směs rostlinného mléka a droždí. Strojem šlehejte 5 minut nebo déle do hladka, nebo ručně déle.
e) Do olejem vymazané mísy dejte těsto. Otočte pánev na máslo z druhé strany.
f) Vršek zakryjte plastovým obalem a nechte kynout 1 až 2 1/2 hodiny, nebo dokud nezdvojnásobí objem.
g) Povrch lehce pomoučený moukou a těsto vyválejte. Pat nebo válet na tloušťku 1/2 palce. Abyste předešli plýtvání, použijte 3palcový řezák na sušenky k nakrájení koleček těsně u sebe.
h) Před smažením přikryjte plech vlhkou utěrkou a nechte kolečka kynout, dokud nezdvojnásobí hmotu, asi 30 minut.
i) Zahřejte olej ve velké pánvi nebo holandské troubě na 350 stupňů F. Do oleje vložte několik kynutých koblih horní stranou dolů (suchou stranou) a vařte 2 až 3 minuty, nebo dokud nebude spodek zlatavě hnědý.

j) Otočte je a vařte další 1–2 minuty nebo do zlatohněda. Dbejte na to, aby se olej příliš nezahříval, aby vnější strana nezhnědla před dokončením vnitřku. Zkontrolujte vychladlou, abyste zjistili, zda je zcela uvařená. Doba vaření a teplota oleje by měly být odpovídajícím způsobem upraveny.

k) Ještě teplé obalujeme v krystalovém cukru. Pokud je chcete naplnit, udělejte na boku donutu dírku a cukrářským sáčkem do ní vymačkejte velkou hrst náplně dle vašeho výběru. Naplněnou koblihu pak posypte krystalovým cukrem, cukrářským cukrem nebo polevou.

17. Andělská křídla

SLOŽENÍ:
- 2 hrnky mouky
- 1 lžíce cukru
- 1/4 lžičky soli
- 3–5 lžic kokosové smetany
- 1 lžíce lihovin
- 1/2 lžičky vanilky
- 1 lžička citrusové kůry (volitelně)
- Veganské sádlo, na smažení
- moučkový cukr, na posypání

INSTRUKCE:
a) Smíchejte mouku, cukr a sůl.
b) Smíchejte 3 lžíce smetany, lihovin, vanilky a kůry, pokud je používáte v samostatné misce.
c) Mokré ingredience přidejte k suchým a šlehejte, dokud se těsto nespojí, v případě potřeby přidejte trochu smetany.
d) Vyválejte co nejtenčí
e) Nakrájejte na proužky 1 x 4 palce, ve středu každého proužku vytvořte štěrbinu .
f) Protáhněte jeden konec štěrbinou, abyste vytvořili zkroucený vzhled
g) Předehřejte sádlo na 350 °F.
h) Smažte po dávkách dozlatova, obracejte, abyste smažili obě strany. Nechte okapat na papírových utěrkách.
i) Navrch posypte moučkovým cukrem.

18.Ukrajinská pizza

SLOŽENÍ:
- 1 lžička kokosového másla
- ½ cibule, nakrájená na kostičky
- 1 (4 oz.) plechovka nakrájených hub, okapaných
- Sůl a pepř na dochucení)
- ½ francouzské bagety, podélně rozpůlené
- 1 hrnek veganského sýra
- Kečup (nahoru)

INSTRUKCE:
a) Předehřejte troubu na 400 stupňů Fahrenheita.
b) Na velké nepřilnavé pánvi rozehřejte olej. Cibuli a houby restujte 5 minut nebo do měkka. Dochuťte solí a pepřem podle chuti.
c) Na plech naskládejte půlky bagety (nebo plátky chleba). Navrch přidejte houbovou směs a veganský sýr.
d) Pečte 10 minut, nebo dokud veganský sýr nezezlátne a nerozpustí se.
e) Podáváme s kečupem na boku.

19.Veganské Pierogi Bites

SLOŽENÍ:
- 14 plátků veganské slaniny, nakrájených na polovinu
- Mini bramborové pirohy 12 uncí , rozmražené
- 1/4 šálku světle hnědého cukru

INSTRUKCE:
a) Předehřejte troubu na 400 °F. Pomocí spreje na pečení potřete pečicí papír s okrajem.

b) Střed každého pierogi obalte veganskou slaninou a položte na plech. Hnědý cukr by měl být rovnoměrně rozložen.

c) Pečte 18 až 20 minut při 350 °F.

20.B bageta s houbami

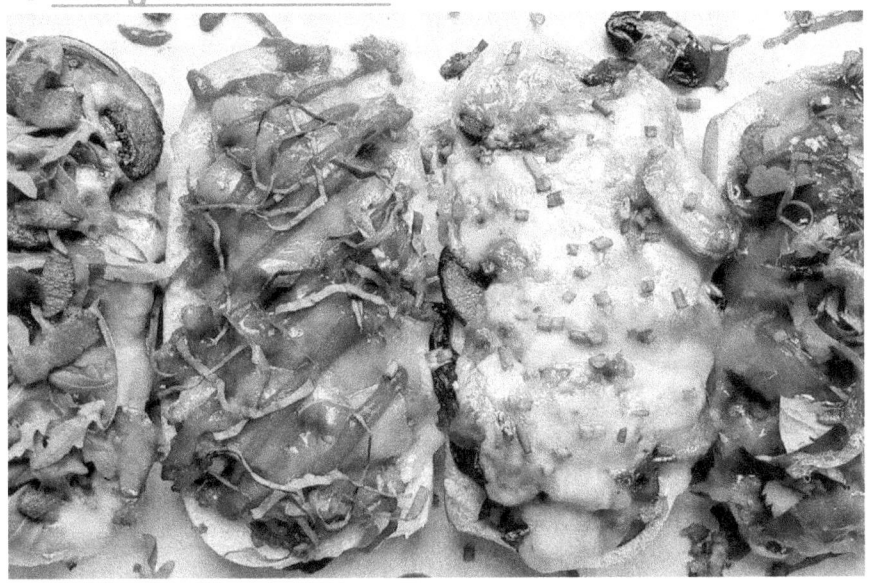

SLOŽENÍ:
- 1 bageta
- 10 oz (300 g) žampiony
- 1 malá cibule
- 5 uncí (150 g) veganský sýr
- 1 lžíce řepkového oleje (na smažení)
- 2 lžíce rajčatového kečupu

INSTRUKCE:
a) Předehřejte troubu na 400 stupňů Fahrenheita .
b) Bagetu podélně rozřízněte. Naberte to trochu víc.
c) Houby omyjeme, osušíme a nakrájíme na malé kousky.
d) Cibuli po oloupání nakrájíme na malé kousky.
e) Předehřejte pánev a přidejte olej. 7-10 minut orestujte nakrájenou cibuli a houby. Sůl a pepř na dochucení.
f) Veganský sýr připravíme nastrouháním.
g) Do baget vložte osmaženou cibulku a houby. Zakryjte veganským sýrem, který byl nastrouhaný.
h) Předehřejte troubu na 350 °F a pečte do zlatohněda (cca 8-10 minut).

21.Veganské sýrové buchty

SLOŽENÍ:
TĚSTO
- 4 šálky univerzální mouky
- 2 balíčky instantního sušeného droždí (5 lžiček)/ nebo 9-10 lžiček čerstvého droždí
- 1/3 šálku cukru
- 1/3 šálku kokosového másla
- 1/2 lžičky soli

PLNICÍ
- 2 šálky veganského sýra
- 1/3 šálku kokosového másla
- 1/2 šálku moučkového cukru
- rozinky

INSTRUKCE:
UDĚLEJTE TĚSTO

a) V míse smíchejte mouku, instantní suché droždí, cukr a sůl. Vlijte rozpuštěné kokosové máslo.

b) Pokud používáte čerstvé droždí, smíchejte je nejprve s cukrem a malým množstvím čerstvého rostlinného mléka. Poté smíchejte všechny zbývající ingredience.

c) Uhněteme těsto. Naplňte velkou mísu do poloviny moukou. Těsto dejte do mísy, přikryjte kuchyňskou utěrkou nebo utěrkou a udržujte v teple.

d) Počkejte, až těsto zdvojnásobí svůj objem, asi 1-1,5 hodiny.

UDĚLEJTE NÁPLŇ

e) Všechny ingredience na náplň smícháme dohromady.

f) Oba plechy vyložte pečicím papírem.

g) Jakmile je těsto hotové, rozdělte ho na 10-12 dílů.

h) Po vytvarování položte kulaté bochánky na pánve.

i) C překryjte pánve kuchyňskou utěrkou/utěrkou a nechte je na teplém místě dalších 40 minut.

j) Předehřejte troubu na 392 stupňů Fahrenheita (200 stupňů Celsia).

k) Po 40 minutách uděláme do bochánků dolíčky trochou skleničky.

l) Do důlků dejte pudink.

m) Posypte rozinkami navrch každé housky, pokud je používáte.

n) Předehřejte troubu na 350 °F a pečte 15 minut.

22.Hokus pokus

SLOŽENÍ:
- 1 ¼ libry mletý seitan
- 1 libra veganský sýr
- 1 lžička mletého oregana
- 1 lžička česnekového prášku
- ½ lžičky drcené červené papriky
- 1 špetka semínek fenyklu
- 1 bochník party žitný chléb někdy nazývaný koktejlový žitný chléb

INSTRUKCE:
a) Předehřejte troubu na 400 °F.
b) Ve velké pánvi na středně vysokém ohni přidejte mletý seitan. Vařte za stálého míchání do zhnědnutí.
c) Do směsi přidejte oregano, česnekový prášek, drcenou červenou papriku a fenyklová semínka.
d) Sýr nakrájejte na kostičky a smíchejte se seitanovou směsí. Míchejte, dokud se sýr nerozpustí a směs se dobře nespojí.
e) Přidejte kopeček seitanu a sýrové směsi na každý kousek chleba malou naběračkou zmrzliny (asi 114 palců v průměru) nebo polévkovou lžící.
f) Pečte na plechu 8–10 minut, nebo dokud není chléb opečený a poleva bublající.
g) Podávejte při pokojové teplotě nebo teplé.

23. Houbová pohanková mísa

SLOŽENÍ:
- 2 cibule
- 1 mrkev
- 2 stroužky česneku
- 45 g kokosového másla
- 150 g žampionů
- 150 g pohanky
- 1 bobkový list
- 1 kostka zeleninového vývaru
- Hrst kopru, pouze listy
- 50g raketa
- 150 g rostlinného jogurtu
- Mořská sůl
- Čerstvě mletý pepř
- 1 lžička olivového oleje
- 400 ml vroucí vody

INSTRUKCE:

a) Cibuli po oloupání nakrájíme na jemné plátky. Mrkev by měla být oloupaná a jemně nakrájená. Česnek je třeba oloupat a nastrouhat nebo rozdrtit.

b) Do pánve přidejte cibuli, kokosové máslo a špetku soli a pepře. Vařte a míchejte po dobu 5–8 minut, nebo dokud není cibule kašovitá a tmavě zlatavá – snižte teplotu, pokud hnědne příliš nebo příliš rychle.

c) Přidejte mrkev, česnek a houby do pánve a míchejte, aby se spojily. Vařte 5 minut za občasného míchání, dokud nejsou houby vlhké.

d) Přidejte pohanku a bobkový list a promíchejte, aby se spojily. V kostce vývaru rozdrobte. Do hrnce nalijte 400 ml vroucí vody.

e) Dusíme 12-15 minut, nebo dokud se voda neodpaří a pohanka není měkká, ale stále pevná.

f) Ze snítek kopru seberte měkké lístky a nahrubo je nasekejte, zatímco se pohanka dusí. Nakrájejte raketu na malé kousky.

g) Pohanku ochutnejte a případně dochuťte trochou soli nebo pepře. Přihoďte většinu kopru a raketu vidličkou. Nahřáté misky naplníme do poloviny pohankou.

h) Ozdobte lžící rostlinného jogurtu a zbylou rukolou a koprem.

24.S nízko pečený pórek

SLOŽENÍ:
- 4 pórky
- ¼ šálku olivového oleje
- 1 lžička mořské soli

INSTRUKCE:
a) Promíchejte pórek s olivovým olejem a solí ve velké mixovací nádobě, dokud nebude dobře obalený. Na připravený plech položte pórek řeznou stranou dolů.
b) Pečicí plech opatrně zabalte do alobalu – nemusí být zcela utěsněný, ale měl by být co nejtěsnější. Vraťte plech do trouby a snižte teplotu na 300 stupňů.
c) Pečte 15 až 30 minut, nebo dokud pórek nezměkne. Plech vyjmeme z trouby a pórek otočíme. Vraťte do trouby, zvyšte teplotu na 400 °F a pečte 15–20 minut, nebo dokud nebudou křupavé a zlatavě hnědé.

25.Uzená cibulka a mák b read roll

SLOŽENÍ:
- cibule 1 velká, oloupaná a nakrájená na silné plátky
- aktivní sušené droždí 1 lžička
- silná bílá chlebová mouka 300 g
- mouka hladká 175g, plus více na podsypání
- mořská sůl 1½ lžičky
- mouka hladká 50g
- aktivní sušené droždí ½ lžičky
- olivový olej 1 polévková lžíce
- uzená mořská sůl ¼ lžičky
- sladká uzená paprika ¼ lžičky
- mák 1 lžička plus špetka navíc na posypání
- pár špetek sezamových semínek

INSTRUKCE:
a) V míse smíchejte mouku a droždí s 50 ml teplé vody, zakryjte potravinářskou fólií a odstavte přes noc.
b) Těsto začněte další den tím, že cibuli vložíte do malé pánve se 150 ml vody. Zahřejte vodu, dokud nezačne bublat, a poté ji stáhněte z ohně.
c) Vyjměte z trouby a nechte vychladnout na pokojovou teplotu. Nalijte vodu do odměrky a ujistěte se, že má 150 ml; pokud ne, přidejte další. Cibuli odložte na později.
d) Mezitím smíchejte droždí a 100 ml teplé vody v mixovací nádobě a nechte 10-15 minut, nebo dokud nezpění.
e) Mouky nasypte do stojanového mixéru s hnětacím hákem a po zpěnění kváskové směsi přidejte předkrm a cibulovou vodu.
f) Začněte míchat při nízké rychlosti, aby se těsto spojilo, poté zvyšte rychlost na střední a těsto hnětete 5 minut.
g) Po přidání soli ještě minutu hněteme.
h) hněteme 10-15 minut na lehce pomoučené pracovní ploše rukama). Nechte těsto zdvojnásobit svůj objem v teplém prostředí po dobu až 2 hodin, zakryté naolejovanou potravinářskou fólií.
i) Těsto několikrát promáčkněte, aby se srazilo zpět, a poté ho nakrájejte na 8 stejných kousků.

j) Těsto rozválejte na plochá kolečka, uprostřed propíchněte dírky, aby se náplň vytvořila, a dejte na pomoučený plech.
k) Když jsou všechny tvary hotové, volně je přikryjte potravinářskou fólií nebo vlhkou utěrkou. Nechte dalších 20 minut kynout, dokud nebude nafouklé a kulaté.
l) Během kynutí těsta připravte náplň. Blanšírovanou cibuli nakrájíme nadrobno a dáme do menší pánve s olejem. Smažte, dokud se nerozpustí a nezezlátne, poté za stálého míchání přidejte uzenou mořskou sůl a papriku. Vařte ještě pár minut, poté přidejte mák a špetku černého pepře. Chladný
m) Předehřejte troubu na 220 stupňů Celsia/horkovzdušnou 200 stupňů Celsia/plyn 7. Když jsou závitky připravené k pečení, vložte do středu každého asi 1 lžíci cibule a posypte mákem a sezamem.
n) Na rohlíky položte převrácený hluboký plech a na něj umístěte závaží odolné proti troubě – velkou zapékací mísu nebo dokonce blok.
o) Pečte 15 minut, poté plech vyjměte a pečte dalších 5-8 minut, dokud rohlíčky nezměknou.

26. Kokosová kobliha

SLOŽENÍ:

- 1 1/3 šálku kokosového rostlinného mléka
- 1/3 šálku cukru
- 2 vrchovaté lžičky droždí
- 1/2 lžičky soli
- 1 lžička vanilky
- Několik koktejlů muškátového oříšku a kardamomu (volitelné)
- 2 3/4 šálků univerzální mouky

INSTRUKCE:

a) Ve velké míse smíchejte všechny ingredience kromě mouky.
b) Těsto hněteme jen tolik, aby se spojilo.
c) Mísu zakryjte plastovou fólií a nechte kynout 2 hodiny nebo do zdvojnásobení.
d) Těsto opatrně vyklopte na pomoučněnou desku. Po vyválení na tloušťku 1/2 palce nakrájejte na kolečka.
e) Vložte koblihy na plech vyložený pečicím papírem a vysypaný moukou. Zakryjte potravinářskou fólií a nechte ještě asi hodinu kynout.
f) Ve fritéze rozehřejte trochu rostlinného oleje.
g) Smažte 2–3 minuty z každé strany, poté před plněním nechte okapat na papírových utěrkách, aby vychladly.
h) Pomocí cukrářského sáčku a špičky naplňte marmeládou nebo pudinkem a obalte v moučkovém nebo krupicovém cukru. Užívat si!

27.Kedlubnový řízek

SLOŽENÍ:
- 1 velká kedlubna
- olej na smažení
- 1/4 šálku univerzální mouky
- 1/2 šálku vody
- 1/2 lžičky mleté papriky
- 1/2 lžičky soli

CHLEBENÍ
- 1/3 šálku strouhanky
- 1/2 lžičky soli
- 1/2 lžičky mleté papriky
- 1 lžička drcených dýňových semínek (volitelně)
- 1 lžička sezamových semínek (volitelně)

INSTRUKCE:
a) Kedlubny omyjte a odstraňte případné zbývající listy. kedlubny je třeba nakrájet na 4-6 plátků (přibližně 1/3 palce tlusté). Pomocí škrabky na zeleninu odstraňte vnější vrstvu.
b) Ve velkém hrnci přiveďte k varu vodu a přidejte plátky kedlubny. Nechte 10 minut vaření. Ve středu by měly začít být průsvitné. Poté je sceďte, osušte papírovými utěrkami a nechte vychladnout.
c) Smíchejte ingredience na pečivo v samostatné misce.
d) Plátky kedlubny obalte v chlebu, když jsou dostatečně vychladlé, aby se daly manipulovat.
e) Na velké pánvi rozehřejte olej na smažení (tak, aby pokryl dno) a přidejte obalovaný kedlubnový řízek. Vařte asi 5 minut z každé strany na středně vysoké teplotě. Z obou stran by měly být zlaté a křupavé.
f) Položte je na papírovou utěrku, aby po smažení absorboval přebytečný olej a užívejte si!

28.Palačinky s droždím

SLOŽENÍ:
- 225 g univerzální mouky
- 240 ml teplého rostlinného mléka
- 1⅙ lžičky rychle působícího droždí cca. 4 g
- 1 lžíce cukru
- Špetka soli
- 5 lžic rostlinného oleje
- Na kompot
- 1,5 šálku čerstvých nebo mražených bobulí
- 1 lžíce javorového sirupu
- ¼ lžičky pasty nebo extraktu z vanilkového lusku

INSTRUKCE:
a) Předehřejte troubu na nejnižší možný stupeň.
b) Ve velké míse šlehejte droždí a cukr do teplého rostlinného mléka po dobu asi 30 sekund.
c) Vsypte mouku, přidejte špetku soli a míchejte 2-3 minuty. Mísu přikryjte utěrkou a vložte ji do středu trouby na 50–60 minut, dokud nezdvojnásobí svůj objem.
d) Na velké pánvi rozehřejte 1–2 lžičky oleje, poté oheň snižte a dejte do pánve lžíci těsta (aniž byste ji přeplňovali). Těsto bude lepkavé.
e) Na mírném ohni smažte palačinky z každé strany přibližně 2½ minut. Ihned podávejte.
f) K přípravě ovocného kompotu smíchejte ovoce, javorový sirup a vanilku v hrnci a vařte 5 minut na středním plameni, nebo dokud ovoce nezměkne a nezačne pouštět šťávu.

29. Předkrm se švestkami

SLOŽENÍ:
- 10 (350 g) brambor uvařených, vychladlých a oloupaných
- 1/2 šálku ovesné mouky
- 1/4 šálku jablečné omáčky
- 12-14 nebo 7-8 švestek

INSTRUKCE:
a) Brambory uvaříme a necháme vychladnout.
b) Pokud používáte velké švestky, nakrájejte je na polovinu.
c) Pomocí rýžovače na brambory brambory zpracujte.
d) Bramborovou rýži, ovesnou mouku a jablečnou omáčku hněteme dohromady, dokud nevznikne pevné těsto.
e) Těsto rozválejte na rovné ploše a nakrájejte na 12-14 stejně velkých kulatých kousků.
f) Na malá kolečka těsto rozválejte.
g) Každý kruh uzavřete umístěním poloviny švestky/švestky do středu.
h) Ve velkém hrnci přiveďte vodu k varu.
i) Vařte asi 5 minut, jakmile dosáhnou hladiny vody.

30.Veganské palačinky se švestkovým máslem

SLOŽENÍ:
- 355ml plechovka klubové sody
- 1,5 hrnku rostlinného mléka
- 2 lžíce řepkového oleje
- 2 hrnky AP mouky
- špetka soli
- olej na vymaštění pánve
- švestkové máslo na náplň (nebo povidla)

INSTRUKCE:
a) V míse prošlehejte všechny ingredience.
b) Předehřejte pánev na vysokou teplotu po dobu 2–4 minut, nebo dokud nebude velmi horká. Po lehkém potření pánve olejem snižte teplotu na středně vysokou.
c) Nalijte tenkou vrstvu těsta do pánve a rovnoměrně ji rozetřete po dně. Jakmile se okraje začnou odlepovat od pánve, palačinku otočte a vařte další minutu nebo dvě.
d) Palačinky přendejte na talíř a nechte pár minut vychladnout. Potřete je malým množstvím švestkového másla nebo povidla dle vlastního výběru a srolujte nebo složte do trojúhelníku.

POLÉVKY A SALÁTY

31. Řepná polévka na ukrajinský způsob

SLOŽENÍ:
- 4 střední rajčata
- 4 lžíce másla
- 1 šálek cibule; jemně nasekané
- 2 stroužky česneku, oloupané; jemně nasekané
- 1 libra Řepy, zbavené listů, oloupané, nahrubo nastrouhané
- ½ kořen celeru, oloupaný; nahrubo nastrouhaný
- 1 kořen petržele, oloupaný; nahrubo nastrouhaný
- 1 pastinák, oloupaný; nahrubo nastrouhaný
- ½ lžičky cukru
- ¼ šálku červeného vinného octa
- 1 lžíce Sůl
- 2 litry hovězího vývaru, čerstvého nebo konzervovaného
- 1 libra vařené brambory, oloupané; nakrájíme na 1 1/2-palcové kousky
- 1 libra zelí bez pecek; hrubě nastrouhaný
- 1 libra vařené hrudí nebo 1 lb vařené šunky, nakrájené na 1-palcové kousky
- 3 lžíce petrželky; jemně nasekané
- ½ pinty zakysané smetany

INSTRUKCE:

a) Rajčata vhoďte na 15 sekund do vroucí vody. Spusťte je pod studenou vodou a oloupejte. Vyřízněte stonek a poté je rozkrojte příčně napůl.

b) Půlky jemně vymačkejte, abyste odstranili šťávu a semínka, poté je nahrubo nasekejte a dejte stranou.

c) V 10 až 12palcové pánvi nebo kastrolu rozpusťte máslo na mírném ohni, přidejte cibuli a česnek a za častého míchání vařte 6 až 8 minut, nebo dokud nebudou měkké a lehce zbarvené. Vmíchejte řepu, celer, petržel, pastinák, polovinu rajčat, cukr, ocet, sůl a 1½ šálku vývaru. Přiveďte k varu na silném ohni, poté hrnec částečně přikryjte a snižte plamen. Vařte 40 minut.

d) Mezitím nalijte zbývající vývar do 6-8-qt kastrolu a přidejte brambory a zelí. Přiveďte k varu a poté částečně přikryté vařte 20 minut, nebo dokud brambory nezměknou, ale nerozpadnou se.

e) Když se zeleninová směs vaří stanovený čas, přidejte ji do kastrolu se zbylými rajčaty a masem. Částečně přikryté dusíme 10 až 15 minut, dokud se boršč nezahřeje.

f) Chuť na dochucení. Nalijte do mísy, posypte petrželkou a podávejte spolu se zakysanou smetanou.

32.Ukrajinský boršč z okurky a citronu

SLOŽENÍ:
- 4 šálky loupaných okurek zbavených semínek --
- Hrubě nakrájené
- Šťáva ze 2 malých citronů
- 1 lžička Náhrada bylinné soli popř
- Mořská sůl
- 1 lžíce medu
- 1 šálek odtučněného bílého jogurtu
- 1 šálek pramenité vody
- 1 šálek mleté krůtí šunky
- 1 velké rajče - nakrájené
- Náhrada bylinné soli a
- Bílý pepř - podle chuti
- Čerstvé snítky kopru a kyselé
- Krém - na ozdobu

INSTRUKCE:
a) Vložte okurky, citronovou šťávu, náhražku soli, med, jogurt a vodu do mixéru a rozmixujte dohladka. Přidejte mletou šunku. Nalijte polévku do velké mísy, zakryjte plastovým obalem a dejte přes noc do chladničky (8 až 12 hodin).
b) Ráno rajče prolisujte a přidejte do polévky. Ochutnejte koření a v případě potřeby přidejte více soli a pepře.
c) Polévku podávejte ve vychlazených miskách s oblohou z čerstvého kopru a kopečkem zakysané smetany.

33.Kyselá nakládaná polévka

SLOŽENÍ:

- 6 šálků zeleninového vývaru
- 1 ½ šálku nastrouhané mrkve
- ½ šálku celeru nakrájeného na kostičky
- 1 šálek oloupaných čerstvých brambor, nakrájených na kostičky
- 1 šálek česneku nebo koprové okurky, nastrouhané
- Mouka podle potřeby (asi ¼ šálku)

INSTRUKCE:

a) Ve velkém hrnci přiveďte vývar k rychlému varu, poté snižte teplotu na minimum a nechte vařit. Vařte 15 minut s mrkví, celerem a bramborami.

b) Vařte 30 minut, nebo dokud nejsou brambory uvařené, podle potřeby přidejte okurky. Pokud chcete polévku hustší, připravte si těsto ze stejných dílů mouky a vody.

c) Za stálého míchání pomalu přiléváme mléko, dokud polévka lehce nezhoustne.

34.Boršč

SLOŽENÍ:

- 2 svazky řepy se zelení (asi 8-9 střední řepy)
- ½ šálku nakrájené cibule
- 1-libra plechovka dušená rajčata
- 3 polévkové lžíce čerstvé citronové šťávy
- ⅓ šálku veganského granulovaného sladidla

INSTRUKCE:

a) Červenou řepu vydrhněte a očistěte, ale slupky nechte působit. Udržujte zelení v bezpečí. Ve velkém hrnci smíchejte řepu, cibuli a 3 litry vody.
b) Vařte jednu hodinu, nebo dokud řepa nezměkne. Vyjměte řepu z vody, ale NEVYHAZUJTE VODU. Vyhoďte cibuli.
c) Řepu po nakrájení najemno vraťte do vody. Zelení je třeba před přidáním do vody umýt a nakrájet. Smíchejte rajčata, citronovou šťávu a sladidlo v míse. Vařte 30 minut na středním plameni, nebo dokud zelenina nezměkne.
d) Před podáváním nechte alespoň 2 hodiny chladit.

35. Jahodová / borůvková polévka

SLOŽENÍ:
- 1 libra čerstvých jahod nebo borůvek, dobře očištěných
- 1 ¼ šálku vody
- 3 polévkové lžíce veganského granulovaného sladidla
- 1 polévková lžíce čerstvé citronové šťávy
- ½ šálku sójové nebo rýžové smetany do kávy
- Volitelné: 2 šálky uvařených, vychladlých nudlí

INSTRUKCE:
a) Ve středním hrnci smíchejte ovoce s vodou a zahřejte k rychlému varu.
b) Snižte teplotu na minimum, přikryjte a vařte 20 minut, nebo dokud ovoce nezměkne.
c) Rozmixujte v mixéru do hladka. Protlak vraťte do hrnce a vmíchejte cukr, citronovou šťávu a smetanu. Po promíchání nechte 5 minut vařit.
d) Před podáváním polévku chlaďte alespoň 2 hodiny.
e) Tato polévka se tradičně podává samotná nebo se studenými nudlemi.

36. Zelňačka

SLOŽENÍ:
- 2 polévkové lžíce margarínu
- 2 šálky nakrájeného zeleného zelí
- ½ lžičky černého pepře
- 3 šálky vody
- 2 šálky oloupaných a na kostičky nakrájených brambor
- ½ šálku nakrájených čerstvých rajčat

INSTRUKCE:
a) V hrnci na polévku rozpustíme margarín.
b) Přidejte zelí a pepř a vařte asi 7 minut, nebo dokud zelí nezhnědne.
c) Vhoďte brambory, rajčata a vodu; zakryjte a vařte 20 minut, nebo dokud nejsou brambory uvařené.

37.Sladkokyselé červené zelí

SLOŽENÍ:
- 3 hrnky nakrájeného červeného zelí
- ½ šálku oloupaného a nakrájeného kyselého jablka, jako je Granny Smith
- 2 šálky vařící vody
- 1 polévková lžíce koncentrátu jablečné šťávy
- ½ lžičky mletého nového koření
- 4 polévkové lžíce octa

INSTRUKCE:
a) Ve velkém hrnci smíchejte všechny ingredience.
b) Rychle přiveďte k varu, poté snižte teplotu na minimum a vařte, dokud zelí nezměkne, asi 20 minut.

38.B zvýšené červené zelí s malinami

SLOŽENÍ:
- 6 šálků na tenké plátky nakrájeného červeného zelí
- 8 uncí. / 225 g čerstvých nebo mražených malin
- 4 lžíce kokosového másla
- 3 polévkové lžíce univerzální mouky
- 6 plodů jalovce
- 1/4 lžičky mletého nového koření
- 6-8 kuliček pepře vcelku
- 2 bobkové listy
- 2 lžíce octa
- 1 1/2 šálku vody + další 1/2 v případě potřeby
- 1/2 šálku suchého červeného vína
- Sůl a cukr podle chuti

INSTRUKCE:
a) Zelí nakrájejte na tenké plátky (pro rovnoměrné a tenké plátky použijte kuchyňský robot).
b) Ve velkém hrnci rozpusťte kokosové máslo. Zatímco se kokosové máslo rozpustí, přidejte bobule jalovce, koření, kuličky pepře a bobkové listy. Když se úplně rozpustí, přidejte mouku a promíchejte do hladka.
c) Přidejte zelí, maliny, ocet, červené víno, 1 1/2 šálku vody a 1 lžičku soli. Důkladně promíchejte, přikryjte a vařte asi 10 minut na středním stupni.
d) Po zamíchání ochutnejte. Pokud omáčka není dostatečně sladká, přidejte 1 lžičku cukru a podle potřeby dosolte.
e) Vařte dalších 10-20 minut, nebo dokud se chutě nespojí.

39. Zeleninová polévka

SLOŽENÍ:
- polévková zelenina (2 mrkve, ½ celeru, 1 pórek, čerstvá petržel)
- 1 šálek (100 g) růžičky květáku
- ½ šálku (50 g) vařené kukuřice
- sůl a pepř
- volitelné: kostka bujónu, cibule

INSTRUKCE:
a) Ve velkém hrnci přiveďte k varu 2 litry (2 l) vody.
b) Nakrájejte mrkev, celer a pórek na 1/4-palcové (6 mm) plátky. Snižte teplotu na minimum a do vroucí vody přidejte nakrájenou zeleninu, růžičky květáku a kukuřici.
c) Dochuťte solí a pepřem podle chuti a vařte asi 40 minut na středním plameni.
d) Ozdobte růžičky petrželky nakrájené na kostičky.

40.Rajská polévka

SLOŽENÍ:

- 2-litrový vývar
- 2 lžíce kokosové smetany
- 1 lžíce mouky
- 5 uncí (150 ml) rajčatový protlak
- sůl a pepř
- Kopr

INSTRUKCE:

a) Vývar z polévkové zeleniny (2 mrkve, 12 cibulí, 12 celeru, 1 pórek, četné stonky petržele) přecedíme a zachováme tekutinu.
b) Kokosovou smetanu smíchejte s moukou a přidejte ji do vývaru spolu s rajčatovou pastou.
c) Na prudkém ohni přivedeme k varu, dochutíme solí, pepřem a ozdobíme koprem.
d) Aby byla polévka více sytá, můžete přidat rýži nebo nudle.

41. Nakládaná polévka

SLOŽENÍ:
- 3 brambory
- 1 kostka bujonu
- 1 lžíce kokosového másla
- 2 velké okurky, nakrájené na jemné kostičky
- 1 šálek (250 ml) nakládané šťávy
- 2 lžíce kokosové smetany
- 1 lžíce mouky
- sůl
- Kopr

INSTRUKCE:
a) Brambory oloupejte a nakrájejte na půlpalcové (1,3 cm) kostky, poté je uvařte s kostkou bujonu a kokosovým máslem ve 2 litrech vody.
b) Asi po 20 minutách, kdy brambory začnou měknout, přidejte nadrobno nakrájené kyselé okurky a šťávu z kyselých okurků.
c) V samostatné misce smíchejte kokosovou smetanu a mouku, poté postupně přidávejte 3 lžíce vývaru, který se vaří na ohni. Poté směs vraťte do polévky a přiveďte zpět k varu.
d) Podle chuti přidejte sůl a na kostičky nakrájený kopr (ale nejprve polévku ochutnejte, abyste se ujistili, že šťáva z nálevu není příliš silná).
e) Místo brambor lze použít rýži. Když je polévka hotová, přeskočte krok 1 a přidejte 3 šálky vařené rýže.

42.Kyselá žitná polévka

SLOŽENÍ:

- 2 qt. vývar
- 2 hrnky zakysané žitné mouky
- 2 lžíce mouky
- Sůl
- 2 stroužky česneku
- volitelné: houby

INSTRUKCE:

a) zeleninu vařte ve 2 litrech vody, abyste vytvořili vývar. V případě potřeby můžete přidat i nakrájené houby.
b) Polévku přelijte přes cedník, tekutinu si nechte a směs a mouku přidejte do vývaru, když je zelenina měkká (přibližně 40 minut).
c) Podle chuti můžete dochutit solí.
d) Do vývaru přidejte česnek nastrouhaný najemno nebo nakrájený na kostičky.

43. Polévka z chlazené řepy

SLOŽENÍ:

- 1 svazek řepy
- 1 okurka
- 3–5 ředkviček
- kopr
- pažitka
- 1-litrový obyčejný rostlinný jogurt
- sůl a pepř
- cukr
- volitelné: citronová šťáva

INSTRUKCE:

a) Řepu vyjmeme ze svazku, najemno nakrájíme jen stonky a listy řepy a dusíme asi 40 minut v malém množství vody do měkka. Před podáváním nechte vychladnout.
b) Okurka, ředkvičky, kopr a pažitka by měly být nakrájené nadrobno. Smíchejte tyto ingredience, stejně jako řepnou směs, v rostlinném jogurtu a důkladně promíchejte.
c) Podle chuti dochuťte solí, pepřem, cukrem a případně citronovou šťávou. Chcete-li polévku jemnější, rozmixujte nebo rozmixujte na kaši.
d) Podávejte vychlazené s koprem nakrájeným navrch.
e) Tato polévka se tradičně připravuje pouze ze stonků a listů rostliny červené řepy. Můžete však použít pouze červenou řepu. 1 libra vařené řepy, jemně nastrouhaná a spojená se zbývajícími přísadami

44. Ovocná polévka

SLOŽENÍ:

- 1 lžíce bramborové mouky
- 1 šálek (250 ml) vývaru, chlazený
- 3 jablka
- 8 uncí. (250 g) švestky nebo třešně
- ⅓–½ šálku (75–115 g) cukru

INSTRUKCE:

a) Pro vytvoření kaše smíchejte polovinu studeného vývaru s moukou.
b) Jablka, švestky nebo třešně po oloupání uvařte ve 112 litrech (112 l) vody. Když je ovoce měkké, nastrouhejte ho na jemném struhadle nebo rozmixujte s vodou v mixéru a dochuťte cukrem podle chuti.
c) Smíchejte mouku a vývar v míse.
d) Míchejte ve směsi vývaru, dokud se vše řádně nepromíchá.

45. Bramborová polévka

SLOŽENÍ:
- 1½ litru zeleninového vývaru
- 2 cibule
- 2 pórky
- 5 stroužků česneku
- 3 lžíce olivového oleje
- 4 brambory
- bylinky: bobkový list, tymián, pažitka
- sůl a pepř

INSTRUKCE:
a) Cibuli a pórek nakrájejte najemno, poté je nakrájejte na čtvrtpalcová (6 mm) kolečka a orestujte je na olivovém oleji s nakrájenými stroužky česneku.
b) Po očištění, oloupání a očištění brambory nakrájejte na kostky.
c) Když jsou cibule a pórek středně hnědé, přidejte brambory, bylinky, sůl a pepř. Chvíli míchejte, poté podlijte vývarem a vařte asi 30 minut na mírném ohni, dokud brambory nezměknou.
d) Po vychladnutí polévku rozmixujte na kaši v mixéru do hladka. Dochuťte solí a pepřem podle chuti.

46. Citronová polévka

SLOŽENÍ:
- 2-litrový vývar nebo vývar
- ½–1 šálek (95–190 g) bílé rýže
- 2 citrony
- sůl a pepř
- volitelně: ½ šálku kokosové smetany

INSTRUKCE:
a) Uvařte vývar se 2 litry vody a polévkovou zeleninou nebo vývarem (2 mrkve, 12 cibulí, 1 celer, 1 pórek, hodně stonků petržele).
b) Vařte rýži pouze ve vývaru nebo vývaru, dokud není kašovitá, asi 25 minut.
c) 1 citron oloupejte, nakrájejte nadrobno a s trochou soli vhoďte do vroucí rýže.
d) Pokračujte v míchání polévky a přidejte zbývající citronovou šťávu.
e) Vařte několik minut na mírném ohni, dochuťte solí a pepřem podle chuti.

47.Chřestová polévka

SLOŽENÍ:
- 1 lb. (450 g) bílého chřestu
- polévková zelenina (2 mrkve, 1 pórek, ½ celeru, čerstvá petržel)
- 2 lžíce kokosového másla
- ¼ šálku (30 g) mouky
- sůl a cukr
- ½ šálku (125 ml) kokosové smetany

INSTRUKCE:
a) Slupky chřestu oloupeme a chřest očistíme. Stonky chřestu a přísady do polévky uvařte v hrnci se 2 litry vody do měkka. Tekutinu vývaru je třeba šetřit.
b) Hlavičky chřestu zvlášť uvařte v malém množství vody.
c) Stonky chřestu prolisujte a nastrouhejte najemno.
d) Prolisovaný chřest smícháme s polévkovým vývarem.
e) V pánvi rozpustíme kokosové máslo a vmícháme mouku, aby na mírném ohni vznikla jíška. Během vaření přidejte do polévky uvařené hlavičky chřestu, sůl a pepř.
f) Podávejte s krutony a na závěr kopečkem kokosové smetany.

48. Salát z řepy

SLOŽENÍ:

- 4 řepy
- 2 lžíce křenu
- 1 lžička cukru
- ⅓ šálku (80 ml) vinného octa
- petržel
- sůl a pepř

INSTRUKCE:

a) Řepu očistíme a vaříme ve vodě asi 30 minut, nebo dokud není měkká. Když vychladnou, vyjměte je a oloupejte.
b) Řepu nastrouhejte pomocí středních strouhacích otvorů.
c) Udělejte omáčku z křenu, cukru, octa, petrželky, soli a pepře a poté promíchejte s řepou vidličkou.
d) Chcete-li vychladit, dejte asi na 2 hodiny do lednice.
e) Místo křenu lze použít cibuli.
f) Na 1 lžíci olivového oleje zlehka orestujte 1 na kostičky nakrájenou cibuli. Smíchejte olivový olej a koření, poté přidejte omáčku a cibuli k řepě a promíchejte, aby se spojily.

49. Salát z celeru a pomeranče

SLOŽENÍ:
- 1 velký celer
- 1 pomeranč nebo 2 mandarinky
- ⅓ šálku (25 g) jemně nasekaných vlašských ořechů
- ½ šálku (125 ml) kokosové smetany
- sůl
- volitelné: ⅓ šálku (25 g) rozinek

INSTRUKCE:
a) Pomocí středních štěrbin nastrouhejte celer.
b) Oloupejte pomeranče nebo mandarinky a nakrájejte je na čtvrtpalcové (6 mm) kousky.
c) Celer, pomeranče a vlašské ořechy smíchejte vidličkou a poté přidejte kokosovou smetanu.
d) Podle chuti přidejte špetku soli. Pokud chcete, můžete přidat rozinky.

50. Zeleninový salát

SLOŽENÍ:

- 5 vařených mrkví
- 2 uvařené kořeny petržele
- 5 vařených brambor (volitelně)
- 1 malý vařený celer (asi 15 dag)
- 5 nakládaných okurek
- 2 jablka
- 1 malá plechovka kukuřice (volitelně)
- 1 plechovka zeleného hrášku
- 1 lžíce hořčice
- sůl, pepř, petržel, kopr

INSTRUKCE:

a) Opláchněte a vařte zeleninu, aniž byste ji loupali (každý jednotlivě); vychladit a oloupat.
b) Z jablek odstraňte jádřince a oloupejte je.
c) Zeleninu, okurky a jablka nakrájejte ostrým nožem na malé čtverečky. Zelená cibule by měla být nakrájena a hrášek by měl být pasírován. Dochuťte solí a pepřem.
d) Salát posypeme petrželkou a koprem. Nechte jednu hodinu na přípravu.
e) Obloha

51.Okurky v kokosovém krému

SLOŽENÍ:
- 1 velká okurka se semeny nebo bez nich, nakrájená na tenké plátky
- 1 cibule nakrájená na tenké plátky a rozdělená na kroužky
- 1/2 šálku kokosové smetany
- 1 lžička cukru
- 2 lžičky bílého octa (volitelně)
- 1 lžíce nasekaného čerstvého kopru
- sůl a pepř

INSTRUKCE:
a) Smíchejte kokosovou smetanu, ocet, cukr a pepř v servírovací misce.
b) Přidejte okurky a cibuli a promíchejte, aby se spojily.

52.Kedlubnová polévka

SLOŽENÍ:
- 1 kedlubna oloupaná, nakrájená na kostičky, použijte i listy
- 1 střední cibule nakrájená nadrobno
- 1 střední mrkev oloupaná, nakrájená na kostičky
- 2 střední brambory oloupané, nakrájené na kostičky
- 2 lžíce petrželky a kopru každý, jemně nasekané
- 1 l zeleninového vývaru horkého
- 1 lžíce oleje a másla každý
- Mořská sůl a pepř podle chuti
- 1 lžíce kukuřičného škrobu plus 2 lžíce horké vody

INSTRUKCE:
a) Listy kedlubny oloupejte a nahrubo nakrájejte, stonky vyhoďte. Kedlubny, mrkev a brambory nakrájíme na kostičky.
b) Ve velkém hrnci rozehřejte 1 lžíci oleje, přidejte cibuli a vařte 3 minuty nebo do změknutí. Vařte několik minut za častého míchání se zbytkem zeleniny a petrželkou.
c) Přidejte zeleninový vývar, opepřete, promíchejte, zakryjte a přiveďte k varu, poté snižte na nízkou teplotu a vařte za občasného míchání asi 30 minut nebo dokud zelenina nezměkne.
d) Přidejte nasekaný kopr a vařte další 3 minuty. V tuto chvíli můžete polévku zahustit (i když nemusíte). K tomu smíchejte 2 lžíce horké vody s kukuřičným škrobem, poté vmíchejte do polévky a vařte 3 minuty.
e) Sundejte z plotny, okořeňte podle chuti a před podáváním přidejte lžíci másla.

53. Ukrajinská fazolová polévka

SLOŽENÍ:
- 1 libra Bílé fazole, sušené
- 1½ libry kysané zelí
- ¾ liber Slané vepřové maso
- 4 brambory, na kostky
- ½ šálku Rostlinný olej
- 1½ polévkové lžíce Mouka
- 1 každý Cibule, lg. nakrájená nahrubo
- 1 lžička Sůl
- 1 lžička Černý pepř
- 4 Bobkové listy
- 3 Stroužky česneku, mleté
- 2 polévkové lžíce Zrnka pepře
- ½ šálku Jogurt, obyčejný
- 1 každý Mrkev, lg. sekaný

INSTRUKCE:
a) Fazole namočte přes noc. Maso, brambory, fazole a kysané zelí uvařte zvlášť.
b) Když je maso hotové, vykostíme a nakrájíme na ½" kostky. Brambory nakrájíme na kostičky. Fazole rozdrtíme.
c) a cibule udělejte jíšku . Maso a zeleninu dáme do hrnce, přidáme jíšku a bobkové listy.
d) Zalijte vývarem a vařte dalších 10 minut.

HLAVNÍ CHOD

54.Gefullte ryby z Ukrajiny

SLOŽENÍ:
SKLADEM
- 4 stonkový celer - nakrájený na 4palcové plátky
- 2 cibule - nakrájené na čtvrtky
- 1 zelený pepř - nakrájený na kousky
- 3 mrkve - rozpůlené
- 8 šálků vody
- Kosti ryb a hlavy
- 1 lžíce čerstvě mletého pepře
- 12 snítek petrželky
- 2 lžičky cukru
- 1 bobkový list volitelný

RYBA
- 4 libry Pike
- 1 libra Whitefish
- 1 libra kapra
- 1 lžíce Sůl
- 2 středně velké cibule - jemně nastrouhaná
- 6 velkých vajec
- 1 lžíce rostlinného oleje
- 1 lžička cukru
- ½ šálku matzahového jídla

INSTRUKCE:
a) Všechny suroviny na vývar dejte do velké konvice s poklicí. přiveďte k varu, poté přikryjte a snižte plamen, aby se vařil.
b) Zatímco čekáte, až se hrnec uvaří, začněte připravovat rybu. V dřevěné misce. přidejte k rozemleté rybě všechny ingredience uvedené pod rybou, opatrně nakrájejte a promíchejte.
c) Navlhčete ruce a vytvarujte rybí směs do tukových oválných placiček, které opatrně vsuňte do vařícího se vývaru. Vařte pomalu 2 hodiny.

55. Ukrajinské koprové kuře

SLOŽENÍ:
- 1 Kuřecí řez na brojler-frézovač
- V servírovacích kouscích
- ½ šálku mouky
- 1 lžička soli
- ½ lžičky pepře
- 3 lžíce másla nebo margarínu
- 1 šálek vody
- 1 malá cibule, nakrájená
- 1 stroužek česneku, nasekaný
- 2 lžíce mouky
- 1 šálek zakysané smetany nebo sladké smetany
- 1 lžička nasekaného kopru

INSTRUKCE:
a) Smíchejte mouku, sůl a pepř v plastovém sáčku. Přidejte kuřecí kousky jeden po druhém a protřepejte. Na pánvi na másle pomalu osmahněte kousky kuřete pomoučené moukou.
b) Přidejte vodu, cibuli a česnek a vařte na mírném ohni 40 minut. Mouku smícháme se smetanou. Přidáme kopr a vmícháme do kuřete.
c) Důkladně prohřejte, ale nevařte. Podáváme s vařenými novými bramborami, rýží nebo nudlemi.

56. Ukrajinský masový a rybí guláš

SLOŽENÍ:
- ½ libry mletého hovězího masa
- ½ libry mletého jehněčího
- ½ libry sledě, čerstvé, kostky,
- Stažené z kůže a kostí
- ½ šálku bílého jogurtu
- 4 lžíce másla
- 4 vejce, oddělená
- 1 každý stroužek česneku nasekaný
- 1 každá cibule lg. sekaný
- 4 Brambory oloupané a uvařené
- ½ lžičky soli
- ½ lžičky černého pepře
- 2 lžíce rozdrobeného kozího sýra <Feta>
- 3 lžíce strouhanky
- 4 lžíce nastrouhané mrkve

INSTRUKCE:
a) Do misky dejte 1 litr mléka a namočte v něm sledě na 8-12 hodin.
b) Osušte a ujistěte se, že jste odstranili všechny kosti. Na 2 T másla orestujeme cibuli a česnek dozlatova. Mleté maso opečte na pánvi a vložte do kuchyňského robotu. Přidejte cibuli, česnek a brambory. Sekejte, dokud nevznikne hladká smes. Vmícháme jogurt a žloutky. Přidejte koření.
c) Předehřejte troubu na 400 stupňů F. a velkou zapékací mísu vymažte máslem. V tuto chvíli přidejte nakrájenou mrkev.
d) Z bílků ušlehejte tuhý sníh, ale ne suchý, a poté přidejte do směsi. Směs přendejte do máslem vymazané zapékací mísy.
e) Posypte strouhankou a kozím sýrem Feta, potřete zbylým máslem a pečte 45 minut. Podávejte horké.

57.Ukrajinský kotlík pečený

SLOŽENÍ:
- 1 šálek zakysané smetany nebo bílého jogurtu
- 1 každá cibule lg. nakrájený
- 1 každá mrkev nakrájená na plátky
- 3 ½ libry pečeně
- 4 Vepřové plátky osolíme
- 2 lžíce nakrájené cibulky
- ¾ šálku červeného vína burgundského
- Sůl a pepř na dochucení
- ½ šálku čerstvých žampionů nakrájených na plátky
- 2 brambory, na kostky 1/2"
- 1 lžička octa

INSTRUKCE:
a) Osolené vepřové plátky položte na dno pekáče. Dále smíchejte jarní cibulku, plátky mrkve, kostky brambor a cibuli a poté je položte jako silnou vrstvu na slané vepřové maso.
b) Výpek podle libosti potřete solí a pepřem a poté ze všech stran opečte. Vyjměte z pánve a vložte do pekáče.
c) Přidejte víno a zakysanou smetanu. Ujistěte se, že zakysaná smetana má pokojovou teplotu, jinak maso ztuhne.
d) Umístěte pekáč na pekáč a pečte v troubě při 350 stupních F po dobu 2,5 hodiny. Po vyjmutí pečeně z džusu odstraňte tuk.
e) Zahustíme moukou, přidáme ocet a přivedeme k varu. Omáčku přecedíme a podáváme na nakrájené maso.

58.Ukrajinské zelí závitky s jáhlou

SLOŽENÍ:
- 2 kilogramy zelí
- 250 mililitrů prosa
- 50 gramů vepřové soli
- 2 mrkve
- 1 cibule
- 2 lžíce mouky
- 4 lžíce rajčatové pasty
- 8 lžic zakysané smetany
- 2 lžíce másla
- 2 šálky vody; nebo vývar podle potřeby
- Pálivé papriky
- Sůl; ochutnat

INSTRUKCE:
a) Hlávku zelí s odstraněnou stopkou zalijeme vroucí vodou.
b) Oddělte listy od hlavy a zastřihněte žilky. Cibuli a mrkev nakrájejte najemno (na mrkev bude fungovat julienne) a restujte, dokud cibule nezačne hnědnout. Jáhly dobře omyjeme, podlijeme vodou a přivedeme k varu. Scedíme a spojíme s nakrájeným slaným vepřovým masem, směsí mrkve a cibule, paprikami, solí a syrovými vejci. Důkladně promíchejte rukama, poté položte porce směsi na listy zelí, pevně sviňte a zastrčte konce.
c) Po rolování zelňačky vložíme do holandské trouby a přidáme dresink ze zakysané smetany, důkladně provaříme, osolíme a podáváme.
d) DRESINKA Z KYSENÉ SMETANA: Na másle zpěníme mouku. Přidejte rajčatový protlak a zakysanou smetanu a trochu vývaru z jáhel.
e) STŘÍDAJTE: Do velkého pekáče dejte kapustové závitky, udělejte dresink ze zakysané smetany bez ředění, závitky přikryjte a pečte při 325o asi hodinu.

59. Ukrajinské hovězí strogano ff

SLOŽENÍ:
- 3 libry Filet mignon tipy
- 1 šálek cibule nakrájené nadrobno
- 4 lžíce nesoleného másla
- 1½ libry Houby malé 1/2" nebo menší
- ⅔ šálku těžké smetany
- ¾ šálku zakysané smetany nebo bílého jogurtu
- 2¼ lžičky dijonské hořčice
- 2 lžíce kopru čerstvý, jemně nasekaný
- 1½ lžíce čerstvé petrželky
- ⅔ šálku hovězího vývaru
- Sůl a pepř na dochucení
- 2¾ lžičky mouky

INSTRUKCE:
a) Hovězí maso nakrájíme na tenké nudličky cca. 1½" - 2" na délku.
b) Rozpalte velkou litinovou pánev na vysokou teplotu a přidejte maso po několika, aby se maso opeklo. Maso stáhneme z plotny a dáme stranou.
c) Snižte teplotu v pánvi na střední a rozpusťte máslo.
d) Přidejte cibuli, orestujte, dokud nezměkne <cca. 4-5 minut>. Zvyšte teplotu středně vysokou, přidejte houby, orestujte; často míchejte, vařte 15-20 minut. Snižte teplotu na střední a přisypte mouku a dobře míchejte 1-3 minuty. Vmícháme vývar, smetanu, zakysanou smetanu a hořčici.
e) Přikryjte, snižte teplotu na minimum a vařte 5–7 minut. NENECHTE VAŘIT! Vraťte maso na pánev, promíchejte s omáčkou, vmíchejte kopr a petrželku a podávejte.

60. Vegetariánský bigos

SLOŽENÍ:
- 1 c sušených hub
- 2 střední cibule, nakrájené
- 2 lžíce oleje
- 8-10 oz. / 250 g čerstvých žampionů
- 1/2 lžičky soli
- 1/4 - 1/2 lžičky mletého pepře
- 5 - 6 kuliček pepře a bobule nového koření
- 2 bobkové listy
- 1 mrkev
- 15 švestek
- 1 lžička kmínu
- 1 lžíce uzené papriky
- 3 lžíce rajčatového protlaku
- 1 c suchého červeného vína
- 1 hlávka středního zelí

INSTRUKCE:
a) Sušené houby namočíme alespoň na hodinu do vody.
b) Ve velkém hrnci rozehřejeme olej a orestujeme nakrájenou cibuli. Očistěte a nakrájejte houby a poté, co začnou na okrajích hnědnout, je přidejte k cibuli. Pokračujte v restování se solí, drceným pepřem, kuličkami pepře, novým kořením a bobkovými listy.
c) Mrkev by se měla oloupat a nakrájet. Hodit do hrnce.
d) Vmíchejte sušené švestky nakrájené na čtvrtky, kmín, uzenou papriku, rajčatový protlak a víno.
e) Zelí by se mělo nakrájet na čtvrtky a nakrájet. Vše v hrnci smícháme dohromady.
f) Přikryjte a vařte zelí, dokud mírně nezmenší objem. Vařte dalších 10 minut, nebo dokud zelí nezměkne.

61. Ukrajinské knedlíky

SLOŽENÍ:
- 6 až 7 středních brambor, oloupaných
- 1 zarovnaná lžíce soli
- 120 g bramborového škrobu podle potřeby

INSTRUKCE:
a) Brambory uvaříme do měkka v osolené vodě. Sceďte a rozmačkejte šťouchadlem na brambory do hladka. Chcete-li vytvořit rovnoměrnou vrstvu brambor na dně pánve, zatlačte dolů rukama.
b) Nožem nakrájejte bramborovou vrstvu na čtyři stejné poloviny. Odeberte jednu součást a rovnoměrně ji rozdělte mezi zbývající tři. Použije se pouze čtvrtina pánve.
c) Přidejte tolik bramborové mouky, aby zaplnila prázdnou čtvrtinu na stejnou úroveň jako bramborová vrstva. Potah z mouky by měl být vyhlazený.
d) Ve velkém hrnci přiveďte vodu k varu.
e) Rukama vytvořte malé kuličky velikosti vlašského ořechu. Mírně zploštěte a palcem propíchněte uprostřed díru.
f) Do vroucí vody přidejte pár knedlíků, dejte pozor, abyste pánev nepřeplnili. Promíchejte vařečkou, aby se nepřichytily ke dnu pánve a vařte, dokud nevyplavou nahoru. Pomocí děrované lžíce vyjměte kuře a podávejte s omáčkou nebo smetanou.

62.Sladké tvarohové sendviče

SLOŽENÍ:
- čerstvý chléb nebo rohlíky
- porce 200 g veganský tvaroh
- džem, brusinková omáčka, javorový sirup nebo čokoládový likér
- Špetka cukru
- několik lžiček rostlinného mléka

INSTRUKCE:
a) Plátek nebo hrudky tvarohu položte na čerstvý chléb nebo housky.
b) Na každý sendvič posypeme cukrem .
c) Po lžičce přisypte cukr a několik kapek rostlinného mléka.
d) Sendviče ohřejte v mikrovlnné troubě nebo pečte v troubě. Podržte několik sekund, dokud sýr a chléb nebudou teplé, ale ne horké. Odstraňte sendviče z rovnice.
e) Na každý sendvič položte množství džemu.

63. R led s jablky

SLOŽENÍ:
- 2 šálky rýže
- 4 šálky rostlinného mléka
- 1/2 lžičky soli
- 4 kyselá jablka
- 1/4 lžičky mletého muškátového oříšku
- 2 lžíce cukru
- 1/12 lžičky skořice
- 1 lžička vanilky
- 2 lžičky + 2 lžičky kokosového másla

INSTRUKCE:

a) Ve středním hrnci zahřejte rostlinné mléko se solí. Přidejte propláchnutou rýži a vařte na mírném ohni, dokud nebude hotová.

b) Pokračujte v míchání rýže. Seškrábejte ji pouze v případě, že se drží na dně. Pokračujte v mírném míchání, dokud není rýže hotová.

c) Předehřejte troubu na 350 stupňů Fahrenheita (180 stupňů Celsia).

d) Jablka po oloupání a zbavení jádřinců nastrouhejte v struhadle na zeleninu. Vařte, dokud se tekutina neodpaří na suché pánvi s muškátovým oříškem.

e) Do uvařené rýže přidejte cukr, skořici a vanilku. Vše spolu důkladně promícháme.

f) Formu o rozměrech 8 × 8 palců (20 × 20 cm) vymažte kokosovým máslem. Polovina rýže by měla jít na dno pánve, poté všechna jablka a zbývající rýže. Navrch položíme tenké plátky kokosového másla.

g) Vařte 20 minut. Podávejte teplé nebo vychlazené.

64. Nudle a knedlíky

SLOŽENÍ:
- 2 balíčky sušeného droždí
- 4 lžičky cukru
- 1 šálek plus 2 polévkové lžíce teplého rostlinného mléka
- 1 libra univerzální mouky
- 1 lžička soli
- 3 lžíce kokosového másla , rozpuštěného

INSTRUKCE:
a) V malé misce vytvořte houbu rozpuštěním droždí a cukru v rostlinném mléce a smícháním s 1/2 šálku mouky.
b) Smíchejte zbývající mouku, sůl a droždí ve velké míse. Míchejte asi 5 minut ručně nebo na stroji, nebo dokud se nedělají puchýře a neodlupují se od stěny misky. Důkladně vmícháme vychladlé rozpuštěné kokosové máslo.
c) Necháme kynout, dokud nezdvojnásobí svůj objem. Vyklopte na pomoučněnou plochu a v případě, že je těsto příliš lepivé, přimíchejte další mouku. Po poklepání na tloušťku 1 palce odřízněte 3palcovým řezákem nebo sklem. Odřezky lze znovu svinout a řezat podruhé. Nechte vykynout do dvojnásobné velikosti.
d) Mezitím naplňte dva velké hrnce do 3/4 vodou. Kruh z pytloviny mouky nebo jiného materiálu, který nepouští vlákna, uvažte řeznickým provázkem přes horní část hrnců a přiveďte vodu k varu. Vložte tolik knedlíků, kolik se vejde do nádoby.
e) Knedlíky vařte 15 minut s pokličkou na pánvi. Knedlíky se zhroutí, pokud se víko během procesu vaření v páře zvedne.
f) Případně umístěte na horní část hrnce zástěnu, přidejte tolik knedlíků, kolik se jich vejde, aniž byste se dotkli, a poté přikryjte žáruvzdornou plastovou miskou, která byla převrácena.
g) Knedlíky dejte vychladnout na mřížku. Knedlíky zmrazte nebo skladujte v sáčku na zip v lednici.

65.Nudle a veganské sýry e

SLOŽENÍ:
- 2 šálky veganských těstovin
- 7 uncí / 200g veganského tvarohu
- 4 polévkové lžíce kokosové smetany
- 2 polévkové lžíce kokosového másla
- 2-4 polévkové lžíce javorového sirupu
- Špetka skořice (volitelné)

INSTRUKCE:
a) Při vaření nudlí postupujte podle pokynů na obalu .
b) Po scezení nudle promíchejte s kokosovým máslem.
c) Sestavte talíře na špagety.
d) K nudlím přidejte sýrové drobky.
e) Navrch naneste vrstvu kokosového krému.
f) Navrch pokapejte javorovým sirupem. Můžete přidat i špetku skořice.

66. Makarony s jahodami

SLOŽENÍ:
- M acaroni dle vlastního výběru
- 3 šálky jahod, čerstvých nebo mražených
- 1 šálek obyčejného rostlinného jogurtu , kokosové smetany nebo řeckého rostlinného jogurtu
- cukr podle chuti

INSTRUKCE:
a) pokynů na obalu pro přípravu těstovin dle vlastního výběru.
b) Jahody omyjeme a zbavíme stopek. Nakrájejte několik jahod a vložte je na vrch misky.
c) V mixéru smíchejte zbývající jahody, smetanu nebo rostlinný jogurt, cukr a vanilkový extrakt.
d) Pokud chcete hutnější omáčku, rozmačkejte jahody vidličkou nebo je rozmixujte po dávkách, přičemž poslední jahody krátce rozmixujte mixérem.
e) Uvařené makarony promícháme s jahodovou omáčkou. Je vynikající teplý i studený.

67. Nudle s houbami

SLOŽENÍ:
- 1 střední hlávkové zelí
- 2 šálky hub
- 1 cibule
- 1 mrkev
- Česnek, 1-2 stroužky
- 2 čárky balzamikového octa nebo jiného octa
- Koření jako majoránka, kopr, kmín, sůl a pepř podle vaší chuti
- 1 tyčinka kokosového másla
- Veganské nudle

INSTRUKCE:
a) Ve velké pánvi rozpustíme kokosové máslo a orestujeme cibuli a houby.
b) Vhoďte mrkev a česnek. Zelí přidejte, jakmile česnek zhnědne a cibule zprůhlední.
c) Podlijeme trochou vody a dále vaříme, dokud zelí nezměkne. Doba vaření zelí závisí na jeho stáří a způsobu nakrájení.
d) Přidejte zbytek kokosového másla, špetku nebo dvě octa, koření a ochutnejte, až se voda sníží. Dochuťte solí a pepřem podle chuti.
e) Podávejte s přílohou nudlí.

68. Veganský sýr s ředkvičkami

SLOŽENÍ:
- 3 šálky veganského sýra
- ½ šálku kokosové smetany (plnotučné)
- 1 svazek ředkviček
- 1 svazek pažitky
- sůl, pepř, koření podle chuti

INSTRUKCE:
a) Připravte si ředkvičky a pažitku. Ředkvičky by se měly umýt a nakrájet na libovolný tvar nebo velikost, kterou si vyberete.
b) Vršek veganského sýra ozdobte několika ředkvičkami. Stejně pokračujte s pažitkou. Odstraňte z rovnice.
c) Přidávejte kokosovou smetanu, dokud nezískáte požadovanou konzistenci.
d) Předehřejte troubu na 350 ° F a dochuťte sýr solí a pepřem. Můžete to nechat být nebo přidat nějaké další koření, pokud chcete.
e) Nakonec smíchejte na kostičky nakrájené ředkvičky a pažitku ve velké míse. V poslední servírovací misce ozdobte ředkvičkami a pažitkou.

69. Pasta s mákem

SLOŽENÍ:
- 300 g mouky
- špetka soli
- 1 šálek máku
- 3 lžíce javorového sirupu
- 2 lžíce rozinek
- 2 lžíce okvětních lístků mandlí
- 1 lžíce nasekaných vlašských ořechů
- 1 lžíce pomerančové kůry

INSTRUKCE:
NA MAKOVOU HMOTU
a) Mák opláchněte pod tekoucí vodou. Poté ji zalijte vroucí vodou. Vypusťte opatrně.
b) Mák rozemelte na jemný prášek.
c) Do hrnce nalijte tři lžíce javorového sirupu a začněte zahřívat. Místo tekutého javorového sirupu můžete použít tuhý javorový sirup. Kvůli vyšší teplotě by se měl roztavit.
d) Vmíchejte celý mák spolu s rozinkami, ořechy, pomerančovou kůrou a plátky mandlí.
e) Vařte asi 5 minut za pravidelného míchání, dokud se maková hmota nezahřeje a nebude homogenní.
f) Vyjměte mák z vařiče a vypněte oheň.

TĚSTOVINY
g) Z 300 g mouky udělejte kopeček. Dochutíme špetkou soli.
h) Vypracujte těsto. Hněteme asi 15 minut, nebo dokud nebude hladké a barevně jednotné.
i) Z těsta vytvarujte kouli a vložte ji do mísy. Přikryjeme čistou utěrkou a vrátíme do trouby na dalších 20-30 minut.
j) Stůl nebo pečicí desku poprašte moukou. Po 20-30 minutách těsto rozválejte na hrud o tloušťce asi 2 mm.
k) Shluk nakrájejte na malé čtverečky o délce strany 2-3 cm.
l) Čtverce přivedeme k varu v osolené vodě. Pokračujte, jako byste vařili těstoviny z obchodu.

70. Ukrajinská ryba

SLOŽENÍ:
NA VEGANSKÉ FILETKY
- 300 g pevného tofu
- 1 citron ½ oloupaný a celý odšťavněný
- 1 lžíce kaparového nálevu
- 1 lžíce bílého vinného octa
- 1 list sushi nori
- 70 g hladké mouky

NA POLEVU
- 1 hnědá cibule nakrájená na tenké plátky
- 1 pórek nakrájený na plátky
- 1 malý nastrouhaný pastinák
- 3 nastrouhané mrkve
- 3 bobule nového koření
- 2 sušené bobkové listy
- 1 lžička sladké papriky
- 1 lžíce rajčatového protlaku
- 1 lžička celozrnné hořčice volitelně

INSTRUKCE:
NA VEGANSKÉ FILETKY

a) Tofu blok nakrájejte na 6 stejně velkých kusů.

b) V široké misce nebo hlubokém tácu smíchejte citronovou šťávu a kůru, kaparový nálev a bílý vinný ocet a nalijte na plátky tofu. Nechte alespoň hodinu marinovat.

c) Jakmile dokončíte marinování, obtočte kolem každého kusu proužek nori. Chcete-li tofu zabalené v nori namočit, namáčejte ho ve zbylé marinádě a poté ho vydlabejte v hladké mouce.

d) V pěkné nepřilnavé pánvi rozehřejte olivový olej na středně vysokou teplotu. Když je pánev rozpálená, přidejte kousky tofu a dávejte pozor, aby se nedotýkaly. Vařte 3 minuty na první straně, nebo dozlatova a křupava. Po vyklopení tofu vařte 3 minuty na opačné straně.

NA POLEVU

e) Ve velkém hrnci na středním plameni rozehřejte trochu oleje nebo zeleninového vývaru a poté přidejte cibuli. Vařte asi 3 minuty, nebo dokud nezačne měknout.

f) V míse smíchejte pórek, mrkev a pastinák. Snižte plamen na minimum a za občasného míchání vařte asi 4 minuty, nebo dokud zelenina nezměkne .

g) Pokud používáte, vmíchejte bobule nového koření, bobkový list, sladkou papriku, rajčatový protlak a celozrnnou hořčici. Důkladně promíchejte a za občasného míchání vařte na nízké teplotě dalších 15 minut.

h) Po 15 minutách vyjměte bobule nového koření a bobkové listy.

i) Veganské filé položte na talíř a poklaďte vydatnou porcí mrkvové směsi. Užívat si!

71. Zelné závitky

SLOŽENÍ:
- 1 hlávka bílého zelí
- 120 g pohankové krupice
- 3 lžíce kokosového másla
- 2 lžíce olivového oleje
- 1 cibule, nakrájená
- 1 stroužek česneku, nasekaný
- 300 g žampionů, nakrájených
- 1 lžíce sušené majoránky
- 2 kostky zeleninového vývaru
- sójová omáčka podle chuti
- sůl a pepř na dochucení

INSTRUKCE:

a) Přiveďte k varu ve velké konvici s vodou. Před vložením do hrnce zelí odstraňte jádřinec. Jakmile vnější listy změknou, odstraňte je. Silná část žeber zelí by měla být oříznuta. Odstraňte z rovnice.

b) Mezitím si připravte pohankové krupice podle návodu na obalu. Scedíme a necháme stranou 1 lžíci kokosového másla.

c) Na pánvi rozehřejeme olej a orestujeme cibuli a česnek.

d) Na stejné pánvi rozpustíme 1 lžíci kokosového másla a orestujeme žampiony. Vhoďte orestovanou pohanku a cibuli. Majoránka, sójová omáčka, sůl a pepř podle chuti. Důkladně promíchejte.

e) Na dno zapékací misky dejte drobné nebo nalámané listy zelí. Do středu každého listu přidejte asi 2 lžičky náplně.

f) Zastrčte konec zelí přes nádivku a přeložte přes ni strany zelí. Ze zelí vytvořte balíček tak, že ho srolujete a konce překryjete, aby se uzavřel. Každý vložte do připravené zapékací misky, stranou se švem dolů.

g) V odměrce na 500 ml rozpustíme kostky vývaru a nalijeme na závitky zelí. Přidejte poslední část kokosového másla. Přikryjeme zbytkem kapustových listů.

h) Vařte na mírném ohni 30 až 40 minut.

72. Potato and Vegan Cheese Pierogi

SLOŽENÍ:
PIEROGI TĚSTO - 1 VÁŽKA
- 3 hrnky mouky, s moukou navíc na poprášení pracovní plochy
- 1 šálek horké vody
- 1 lžíce kokosového másla nebo oleje

BRAMBOROVÁ A SÝROVÁ NÁPLŇ
- 2 libry brambory (asi 4 šálky rozmačkané)
- 2 šálky veganského sýra
- 2 cibule
- sůl a pepř na dochucení
- kokosový krém, nahoru

INSTRUKCE:
BRAMBOROVÁ A SÝROVÁ NÁPLŇ
a) Brambory oloupeme a uvaříme. Pomocí šťouchadla na brambory nebo rýžovače na brambory brambory lehce rozmačkejte. Není nutné používat mixér. Není nutné, aby byly brambory absolutně hladké. Nechte brambory vychladnout.
b) Cibuli nakrájíme a osmahneme na kokosovém másle nebo oleji. Polovina smažené cibule by měla jít do brambor a druhá polovina by měla jít na pirohy.
c) Dokončete veganským sýrem.
d) Náplň osolte a opepřete podle chuti; podle mě nikdy nemůžete mít moc soli a pepře. Ochutnejte náplň a v případě potřeby přidejte další. Zatímco budete dělat těsto, můžete náplň vychladit. Náplň někdy tvořím den předem, protože je jednodušší si poradit se studenou náplní.

PIEROGI TĚSTO
e) Mouka by měla být provzdušněná. Mouku prosejeme, rozšleháme v míse nebo 20 sekund pulzujeme v kuchyňském robotu.
f) Přiveďte vodu k varu stejným způsobem jako u šálku čaje. Přidejte lžíci kokosového másla nebo oleje do šálku vroucí vody.
g) Horkou vodu pomalu nalévejte do mouky a míchejte, aby se spojila, nejprve vařečkou a poté rukama, pokud je voda příliš

horká. Během mixování v kuchyňském robotu přilévejte po troškách vařící vodu.

h) Pokračujte v přidávání horké vody, dokud nezískáte měkké, pružné těsto. Pokud je těsto příliš lepivé, přidejte ještě trochu mouky. Pokud je těsto příliš suché, přidejte trochu vody. Odtáhne se od okrajů kuchyňského robotu a vytvoří kouli.

i) Těsto rozválejte na pomoučeném vále pomocí pomoučněného vále. Pierogi těsto rozválejte na tloušťku, se kterou chcete pracovat. Profesionální výrobci pierogi válejí těsto velmi tence, ale protože moje rodina je těstovitá, mohu je vyválet o něco silnější.

j) Těsto rozválíme na kolečka, lžící naplníme bramborovo-sýrovou náplní nebo předválenými kuličkami, přehneme a uzavřeme. Pokud nebudete čekat příliš dlouho, těsto bude stále měkké a k uzavření pierogi vám bude stačit jen pár špetek vody.

k) Pracovní plochu posypte moukou a zakryjte utěrkou, dokud nebude připravena k varu.

l) V malém hrnci pomalu vařte nebo vařte malou dávku pierogi. Vodu nezapomeňte dochutit solí. Sledujte své pierogi a vařte je 3 až 5 minut, jakmile začnou plavat. Vyjměte je z vody děrovanou lžící a položte je na misku nebo tác, aby vychladly.

m) Pokrm připravte na oleji nebo kokosovém másle a nezapomeňte si na pierogi pomazat kokosovým máslem. Když jsou horké, dejte pozor, abyste je nepřekrývali, protože by se slepily.

n) Před podáváním posypte pierogi smaženou cibulkou a kopečkem kokosové smetany.

73. Pečené pivní tofu

SLOŽENÍ:

- 250 g přírodního tofu
- 2 lžíce rajčatového protlaku
- 100 ml piva
- 1 velká lžíce sójové omáčky
- půl lžíce javorový sirup
- půl lžičky uzené nebo sladké papriky
- čtvrt lžičky kmínového prášku
- čtvrt lžičky chilli nebo kajenského pepře
- špetka skořice
- sůl podle chuti

INSTRUKCE:

a) Tofu opláchněte a co nejvíce osušte kuchyňským papírem. Nakrájejte ho na 1,5 cm silné plátky a zabalte do dalšího kuchyňského papíru.

b) Navrch položte závaží, abyste vytáhli co nejvíce tekutiny, a mezitím si připravte omáčku.

c) Smíchejte pivo, agávový sirup, javorový sirup nebo sladký rýžový sirup v mixovací nádobě.

d) V míse smíchejte rajčatový protlak, sójovou omáčku, kmínový prášek a uzenou nebo sladkou papriku. Přidejte dotek skořice a špetku chilli nebo kajenského pepře.

e) Před grilováním tofu marinujte co nejdéle.

74.S sladké bramborové pierogi

SLOŽENÍ:
TĚSTO
- 3 C ups univerzální mouky
- 1 lžička mořské soli
- 1 C do vody
- 1 lžíce rostlinného oleje

PLNICÍ
- 3 1/2 C sladké brambory, oloupané a nakrájené na kostičky
- 2 stroužky česneku, nasekané
- 2 lžíce výživného droždí
- 2 lžíce veganského kokosového másla
- 1/2 lžičky čerstvého kopru
- 1/4 lžičky sušené šalvěje
- 1/4 lžičky mořské soli
- 1/4 lžičky mletého černého pepře

INSTRUKCE:
a) Přiveďte k varu rendlík s osolenou vodou a poté vařte kostky sladkých brambor 10 minut, nebo dokud nejsou uvařené a měkké.
b) Těsto vypracujte smícháním univerzální mouky a mořské soli, zatímco se batáty vaří. Poté přidejte vodu a olej, dokud se nepromíchají.
c) Těsto hněteme na lehce pomoučené ploše, dokud se nespojí a nebude trochu lepivé, ale ne natolik, aby se přilepilo na ruce. Kuličku z těsta lehce pomoučte.
d) Těsto rozdělte na poloviny a každou menší kuličku zabalte do igelitu. Zatímco připravujete náplň, vychlaďte těsto.
e) Batáty scedíme a rozmačkáme se zbytkem náplně,
f) Nechte v chladu, dokud pierogi nejsou připraveny k plnění.
g) Pokud budete pirohy vařit hned, začněte vařit velký hrnec s osolenou vodou, zatímco je budete válet, krájet a plnit.
h) Na lehce pomoučeném povrchu rozválejte jednu kouli těsta, dokud nebude silná 1/16 palce. Vykrajujte kruhy těsta pomocí 3 1⁄2 až 4palcového kulatého vykrajovátka na cukroví.

i) Během válení těsta a vykrajování koleček položte každé na lehce posypaný plech nebo pánev a přikryjte utěrkou. Opakujte se zbývající koulí těsta.

j) Na jednu stranu každého kola těsta natřeme 12 až 34 lžic batátové náplně. Udržujte poblíž misku s vodou.

k) Přes okraj poloviny kruhu potřete prstem trochu vody, přehněte druhou stranu těsta přes náplň, jemně přitlačte a lehce přimáčkněte obě strany k sobě, aby se pierogi uzavřely.

l) Bez překrývání vraťte každý pierogi na pomoučené plechy nebo plechy.

m) Pierogi vařte po malých dávkách, dokud nevyplavou nahoru, asi 1 až 2 minuty. Děrovanou lžící je vyjměte z vody a položte na plech nebo misku.

n) Těsně před podáváním opečte pirohy v dávkách na pánvi s veganským kokosovým máslem na středním plameni do zlatova, asi 2 až 3 minuty z každé strany.

o) Podávejte s veganským kokosovým krémem nebo pikantním kešu kokosovým krémem, karamelizovanou cibulkou a/nebo smaženými žampiony!

75. Veganské těstoviny se špenátovými kuličkami

SLOŽENÍ:
- 2 lžíce mletého lnu
- 2 lžíce citronové šťávy
- 450 g / 16 oz. čerstvý špenát
- 3 polévkové lžíce výživného droždí
- 2 stroužky česneku, jemně nastrouhané
- vrchovatá ½ lžičky soli, více podle chuti
- ¼ lžičky pepře, podle chuti
- velké množství strouhaného muškátového oříšku, upravte podle chuti
- 2 hrnky hrubé strouhanky
- olej na pečení nebo smažení

INSTRUKCE:
a) V malé misce smíchejte mletá lněná / chia semínka, 2 lžíce citronové šťávy a 60 ml / 14 lžic vody. Nechte čas, aby omáčka zhoustla.
b) Špenát spařte 1–2 minuty ve vroucí vodě, přeceďte a ihned ponořte do misky s ledovou vodou nebo opláchněte pod studenou vodou, aby si zachoval barvu.
c) Rukama vymačkejte ze špenátu co nejvíce vody. Suchý špenát nasekáme nadrobno.
d) V mixovací nádobě smíchejte všechny ingredience kromě strouhanky (a oleje). Postupně přidávejte strouhanku a dávejte pozor, aby směs nebyla příliš suchá nebo příliš vlhká. Pokud je směs příliš mokrá, možná nebudete potřebovat všechnu strouhanku nebo budete potřebovat trochu více. Jdi se svými střevy.
e) Rukama vytvarujte ze směsi malé kuličky velikosti vlašského ořechu. Dejte do lednice alespoň na 2 hodiny.
f) Pokud chcete špenátové kuličky smažit, obalte je ve strouhance .
g) Můžete je péct asi 20 minut při 180° C / 355° F na olejem vymazaném pekáči, v polovině je otočte, nebo je smažit na dostatečném množství oleje, dokud ze všech stran nezhnědnou.

76.Brambor a Mrkvové pierogy

SLOŽENÍ:
TĚSTO:
- Univerzální mouka - 500 g
- Teplá voda – 230 ml
- Sůl - 1,5 lžičky
- Olivový olej - 2 polévkové lžíce

PLNICÍ:
- Brambory - 600 g
- 1 šálek v egan sýrů e
- Sůl - 1,5 lžičky
- Cibule – 1 velká, nakrájená nadrobno
- Mletý pepř - 1 lžička
- Strouhaný muškátový oříšek – 2 špetky (volitelně)

POTĚR:
- kokosové máslo - 1 polévková lžíce

OBLOHA:
- Nakrájená pažitka a karamelizovaná cibulka.

INSTRUKCE:
PLNICÍ:
a) Na pánvi rozehřejte olivový olej a nakrájenou cibuli na něm opečte do zlatova.

b) Umístěte brambory do středního hrnce s dostatečným množstvím vody, aby byly pokryty. [Lze použít tlakový nebo instantní hrnec.] Přiveďte vodu v hrnci k varu na vysokou teplotu. Vařte asi 15 minut, nebo dokud nejsou brambory měkké. Ujistěte se, že to nepřevaříte.

c) Brambory vraťte do hrnce po okapání v cedníku. Tyčinkou na brambory rozmačkejte brambory a přidejte rostlinné mléko, pepř, sýr, muškátový oříšek a karamelizovanou cibuli. Je tam i sůl.

TĚSTO:
d) V míse smíchejte mouku, olivový olej a sůl. Důkladně promíchejte a postupně přidávejte vodu. Jakmile je těsto nahrubo zapracované, rukama prohněťte. Pokud se vám to nedaří spojit, přidejte vodu navíc. Pokud se domníváte, že jste přidali příliš mnoho vody, přidejte další mouku.

e) Těsto hněteme 5-10 minut a dáme stranou. Těsto by mělo být po uhnětení hladší a pružnější. Ale ne lepkavým způsobem!
f) Zakryjte a nechte 30 minut odpočívat.
g) Po odležení těsta poprašte vál moukou, uchopte kousek těsta a vyválejte ho na 1-2 mm tenkou plochu. Čím řidší ho uděláte, tím budou knedlíky chutnější.
h) Z těsta vykrajujte kolečka pomocí sklenice vzhůru nohama.
i) Do středu každého kruhu dejte vrchovatou lžičku náplně, přeložte napůl a prsty půlkruhu přitlačte k sobě.
j) Ve velkém hrnci s vodou přiveďte k varu pirohy .
k) Pierogy vařte 3–4 minuty, nebo dokud nevyplavou, pomocí děrované lžíce je každý vyjměte.
l) Pokračujte ve vaření nové dávky, dokud nebudou všechny hotové.

77. Vařené knedlíky

SLOŽENÍ:
- 1 ½ hrnku prosáté univerzální mouky
- ½ lžičky soli
- ¼ lžičky prášku do pečiva
- ½ šálku margarínu
- Přibližně ¼ šálku vody

INSTRUKCE:
a) Předehřejte troubu na 400 stupňů Fahrenheita. Suché ingredience smícháme v sítu.
b) Nakrájejte margarín pomocí kráječe na pečivo, použijte jen tolik vody, aby směs držela pohromadě.
c) Na pomoučené desce těsto rozválejte jako koláč. Nakrájejte čtverce na 3-palcové čtverce.
d) Do středu každého čtverce dejte zhruba 1 lžičku náplně. Čtverce přeložte napůl, aby úplně zakryly náplň. Pomocí vidličky přimáčkněte okraje k sobě.
e) Pečte 20 minut nebo dozlatova na nepřilnavém plechu.

78.Borůvkový pierogi

SLOŽENÍ:
NA TĚSTO
- 2 hrnky (500 g) univerzální mouky
- 1 šálek horkého rostlinného mléka
- 1 lžička soli

DO BORŮVKOVÉ NÁPLNĚ
- 2 šálky borůvek / borůvek
- 1 lžíce univerzální mouky

POLEVA
- slazená smetana, 12% nebo 18%
- špetka moučkového / moučkového cukru na posypání

INSTRUKCE:
NA TĚSTO
a) Prosejte mouku a uprostřed moučné kupole propíchněte důlek. Do směsi nalijte malé množství horkého rostlinného mléka a promíchejte. Rychle hnětete a podle potřeby přidejte rostlinné mléko, abyste získali měkké, elastické těsto.
b) Těsto rozdělte na několik kusů. Na pomoučené desce vyválejte první část těsta.
c) Těsto rozválejte válečkem na tenký plát. K vykrajování těsta použijte sklenici nebo vykrajovátko.

DO BORŮVKOVÉ NÁPLNĚ
d) Čerstvé borůvky opláchněte pod tekoucí studenou vodou.
e) Vyjměte zmrazené bobule z mrazáku těsně před přípravou pierogi (knedlíky se snáze skládají z mraženého ovoce)
f) Osušíme na papírové utěrce, rozprostřeme na tác a popráším 1 lžící mouky.
g) Do středu každého kruhu těsta položte jednu lžičku borůvek. Těsto přehneme přes náplň a okraje přimáčkneme k sobě. Pokračujte, dokud těsto a borůvky nezmizí.

DOKONČOVÁNÍ
h) V hrnci přivedeme k varu osolenou vodu. Snižte teplotu na nízkou úroveň a udržujte ji tam.
i) Přidejte knedlíky a vařte 5–6 minut, nebo dokud nevyplavou.
j) Mezitím si připravte slazený krém. Do mixovací nádoby dejte trochu smetany, přidejte trochu moučkového/práškového cukru a vše promíchejte. Zakousněte se a uvidíte, zda je dost sladké. Pokud není dost sladké, přidejte více cukru a zkuste to znovu.
k) Pomocí děrované lžíce vyjměte pierogi z hrnce. Podáváme na talířích s kopečkem slazené smetany navrchu.

79. Meruňkový Kolache

SLOŽENÍ:
PRO NÁPLŇ
- 100 g (4 oz.) sušených meruněk
- 350 ml vody
- 2 lžíce moučkového cukru

NA TĚSTO
- 225 g (8 oz.) kokosového másla , změklého
- 1 (200g) vana veganský sýr, měkčený
- 150 g (5 uncí) moučkového cukru
- 250 g (9 uncí) hladké mouky

INSTRUKCE:
a) K vytvoření náplně v těžkém hrnci spojte meruňky a vodu a přikryté vařte na středním plameni 10 minut, nebo dokud meruňky nezměknou.
b) Meruňky rozmačkáme, přidáme 2 lžíce cukru a necháme vychladnout. Odstraňte z rovnice.
c) Pro vytvoření těsta smíchejte kokosové máslo a veganský sýr, dokud nebudou světlé a nadýchané, poté přidejte 150 g cukru a důkladně promíchejte.
d) Důkladně vmícháme mouku. Z těsta vytvarujte kouli a nechte hodinu chladit.
e) Na dobře pomoučeném povrchu polovinu těsta vyklopte a propracujte s ním. Po vyválení nakrájíme na 5 cm čtverce na tloušťku 25 cm.
f) Do středu čtverce dejte 1/2 lžičky meruňkové náplně. Přiveďte čtyři rohy do středu a stiskněte je k sobě, aby se utěsnily.
g) Pečte asi 15 minut při 200 °C/plyn stupeň 6.

DEZERTY

80.ukrajinské chrustyky

SLOŽENÍ:
- 4 šálky prosévané mouky
- 6 Vejce
- 1 šálek zakysané smetany
- 2 lžíce cukru
- ¼ lžičky soli
- 1 lžička vanilky
- 2 lžíce másla
- ½ lžičky Mandlové aroma
- Žloutky - dobře vyšlehané

INSTRUKCE:
a) Vyšlehejte vaječné žloutky, dokud nebudou světlé. Přidejte k suchým surovinám spolu se zakysanou smetanou, vanilkou, máslem a mandlovým aroma. Dobře prohněteme.
b) Rolujte na tloušťku ⅛ palce. Kolečkem těsta nakrájejte na proužky 1 x 3 palce.
c) Uprostřed každého proužku udělejte podélný řez a jeden konec protáhněte.
d) Smažíme v rozpáleném tuku asi 2 minuty nebo do lehkého zhnědnutí. Nechte okapat na silném papíru.
e) Vychladlé posypeme cukrářským cukrem.

81.Ukrajinský tvarohový koláč

SLOŽENÍ:
- Sušenka
- 2 šálky tvarohu
- ½ šálku cukru; Granulovaný
- 2 lžičky kukuřičného škrobu
- ½ šálku vlašských ořechů; Sekaný,
- 3 vejce; Velké, oddělené
- ½ šálku zakysané smetany
- 1 lžička citronové kůry; Strouhaný

INSTRUKCE:
a) Předehřejte troubu na 325 stupňů F.
b) Tvaroh prolisujeme přes sítko a scedíme.
c) Ve velké míse ušlehejte žloutky do světlé a pěny, poté pomalu přidávejte cukr a pokračujte v šlehání, dokud nebudou velmi světlé a hladké.
d) Přidejte tvaroh do vaječné směsi, dobře promíchejte, poté přidejte zakysanou smetanu, kukuřičný škrob, citronovou kůru a vlašské ořechy (pokud chcete). Míchejte, dokud se všechny ingredience dobře nespojí a směs nebude hladká.
e) V další velké míse ušlehejte bílky, dokud nevytvoří měkké vrcholy, a poté je opatrně vmíchejte do těsta. Směs nalijte do připraveného korpusu a pečte asi 1 hodinu.
f) Před podáváním ochlaďte na pokojovou teplotu.

82. Bajaderki

SLOŽENÍ:
PEČIVO
- ½ kila hotového dortu nebo sušenek (muffiny, brownie atd.)
- 1 hrnek strouhaného kokosu
- 1 šálek rozinek
- ½ šálku jemně nasekaných ořechů jakéhokoli druhu
- 1 šálek nadrobených křupavých sušenek
- Aromatizovaný alkohol jakéhokoli druhu (u verze pro dospělé), množství závisí na objemu
- 2–3 lžíce džemu z černého rybízu
- Šťáva a kůra z 1 citronu

NÁMRADA
- 100 gramů tmavé čokolády
- 1 lžička kokosového oleje

INSTRUKCE:
TĚSTO
a) Aby vznikla homogenní směs, sušenky opatrně rozdrťte rukama. Chcete-li vytvořit hliněnou hutnou směs srovnatelnou s kombinací lanýžů, kombinujte mandle, kokos, citronovou šťávu a kůru, rozinky, víno a džem.
b) Odložte na 1 hodinu do lednice.
c) Poté z těsta udělejte kuličky o velikosti velkého ořechu nebo větší. Položte je na plech.

NÁMRADA
d) Ve vodní lázni rozpustíme čokoládu a kokosový olej.
e) Kuličky vkládejte jednu po druhé do polevy. Vidličkou je překlopíme a položíme na pečící papír.
f) Kuličky dejte na 2 hodiny do lednice, nebo dokud poleva neztuhne.

83. Mazurek s čokoládovým krémem

SLOŽENÍ:
TĚSTO
- 2 hrnky hladké špaldové mouky nebo hladké pšeničné mouky
- 100 g tekutého kokosového oleje
- 1 vrchovatá lžíce škrobu
- 2 lžíce nerafinovaného moučkového cukru
- 10–12 lžic studené vody

KRÉM
- 15 lístků máty
- 1½ šálku vařených bílých fazolí
- 100 gramů hořké čokolády (70 % kakaové sušiny)
- šťáva a kůra z 1 pomeranče
- 1 lžička skořice
- 2–3 lžičky datlového sirupu nebo jiného sirupu

INSTRUKCE:
TĚSTO
a) V míse smíchejte mouku, škrob a moučkový cukr. Zcela vmícháme kokosový olej. Pomalu přilévejte vodu. Důkladně prohněteme.
b) Těsto by mělo být měkké a elastické, podobné tomu, které se používá na pirohy. Vyválíme na pečícím papíře na tloušťku 4–5 mm. Z papíru vytvořte obdélník nebo jinou formu. Celé propíchejte vidličkou.
c) Předehřejte troubu na 190 °C/375 °F a pečte 20 minut. Nechte čas na vychladnutí.

KRÉM
d) Fazole, mátu a sirup smíchejte v mixéru do hladka.
e) Šťávu a kůru přiveďte k varu. Vmíchejte čokoládu, dokud se nerozpustí. Opatrně vmíchejte rozmixované fazole a skořici.
f) Krém natřeme na listové těsto a poklademe ozdobami. Necháme v chladu, dokud krém nezhoustne.

84. Bundtův koláč z dýňového droždí

SLOŽENÍ:
- 1 šálek dýňové pěny
- 2½ hrnku hladké špaldové mouky nebo pšeničné mouky
- ½ šálku jakéhokoli rostlinného rostlinného mléka
- 7 gramů sušeného droždí
- ½ šálku třtinového cukru nebo jiného nerafinovaného cukru
- šťáva a kůra z 1 citronu
- 1 lžíce tekutého kokosového oleje
- 1 šálek sušených brusinek

INSTRUKCE:
a) V míse smíchejte mouku, droždí, cukr a brusinky.
b) V malém hrnci pomalu zahřívejte dýňovou pěnu, rostlinné mléko, citronovou šťávu a kůru a kokosový olej. Mokré suroviny vmícháme do těsta. Dokončení by mělo trvat asi 8 minut.
c) Bundtovu dortovou formu vysypte tenkou vrstvou mouky a vymažte ji tukem. Těsto vložíme do formy, přikryjeme a necháme 1 hodinu kynout na teplém místě.
d) Předehřejte troubu na 180 °C/350 °F a pečte 35 minut (dokud dřevěná špejle nevyjde čistá).

85. Krémové rohlíky

SLOŽENÍ:
TĚSTO
- 2 ½ hrnku hladké špaldové mouky nebo hladké pšeničné mouky
- ¾ šálků veganské smetany (např. domácí sojová smetana)
- 2 lžíce nerafinovaného moučkového cukru
- 100 gramů tekutého kokosového oleje
- 1 lžíce škrobu

KRÉM
- 2 plechovky kokosového rostlinného mléka (každá 400 gramů, 17 % tuku, 75 % kokosu, chlazeno 1-2 dny)
- 1 lžíce nerafinovaného moučkového cukru
- 2 lžičky vanilkového extraktu
- 1 citronová kůra

INSTRUKCE:
TĚSTO
a) Všechny suroviny hněteme, dokud těsto není hladké.
b) Těsto rozválejte na tloušťku 2–3 mm. Nakrájejte na 1 cm široké proužky. Před podáváním dejte na 10 minut do lednice.
c) Rohlíky položte na plech vyložený pečicím papírem. Předehřejte troubu na 200 °C/400 °F a pečte 15 minut. Než je sejmete z kornoutů, nechte je mírně vychladnout. Opakujte, dokud nespotřebujete všechno těsto.

KRÉM
a) Z plechovek odstraňte bílou pevnou část kokosového mléka. Pomocí moučkového cukru dobře promíchejte.
b) Opatrně vmícháme vanilkový extrakt a citronovou kůru.
c) Krém dejte do sáčku a náplň do prázdných rohlíků. Na ozdobu je můžete použít ovoce nebo na poprášení moučkový cukr.

86.Oplatky

SLOŽENÍ:
- 5 velkých obdélníkových oplatek
- ½ kila džemu z černého rybízu
- 3 šálky vařené cizrny (víceméně 1 šálek suché)
- 1 plechovka kokosového rostlinného mléka
- 1 lžička vanilkového extraktu
- 2 lžíce třtinového cukru
- 2 lžíce kakaa
- 200 gramů hořké čokolády (70 % kakaové sušiny)

INSTRUKCE:
a) Otevřete plechovku mléka na bázi kokosových rostlin a odstraňte bílou pevnou část. V hrnci přiveďte k varu. Sundejte z ohně a vmíchejte čokoládu, kakao, vanilkový extrakt a cukr.
b) Míchejte, dokud se všechny ingredience nerozpustí. Cizrnu úplně rozmixujte.
c) Položte plát oplatky na kus dřeva. Zalijeme polovinou smetany a druhou oplatkou.
d) Potřete na něj polovinu džemu. Opakujte se zbývajícími pláty krému, džemu a oplatek. Jemně stiskněte tlačítko.
e) Odložte na 4–5 hodin do lednice.

87.Sváteční jablečný koláč

SLOŽENÍ:

- 3 hrnky hladké špaldové mouky nebo hladké pšeničné mouky
- 2 ploché lžíce škrobu
- 2 ploché polévkové lžíce nerafinovaného moučkového cukru
- 50 gramů tekutého kokosového oleje
- 15 lžic studené vody
- 2 kila jablek na vaření
- 1 lžička skořice
- 1 lžička mletého kardamomu
- 1 šálek rozinek
- 1 hrnek vlašských ořechů
- 1 hrnek strouhanky

INSTRUKCE:

a) Opatrně smíchejte mouku, škrob, moučkový cukr a kokosový olej. Přidávejte jednu polévkovou lžíci vody a po každém přidání těsto promíchejte nebo prohněťte. Po smíchání všech ingrediencí těsto hněteme, dokud není pružné a hladké.

b) Těsto rozdělíme na dvě stejné poloviny. Jeden z nich vyválejte na plech s pečicím papírem o rozměrech 20 x 30 cm/8 x 12 palců. Těsto několikrát propícháme vidličkou, dáme na zapékací misku a necháme 30 minut chladit. Zbývající část těsta dejte na 45 minut do mrazáku.

c) Plech vyjmeme z lednice a pečeme při 190 °C 15 minut. Dovolte si relaxovat. Mezitím si připravte jablka.

d) Jablka oloupeme a zbavíme jádřinců. Pomocí struhadla nebo kráječe na mandolínu nastrouháme sýr. V míse smíchejte skořici, rozinky a nahrubo nasekané vlašské ořechy. Pokud jsou jablka příliš kyselá, můžete přidat med.

e) Na napůl upečený základ rovnoměrně nasypeme strouhanku. Jablka by měla být následně rozetřena na listové těsto.

f) Na jablka položte zmrzlé těsto a nastrouhejte. Předehřejte troubu na 180 °C/350 °F a pečte 1 hodinu.

88. Bramborové perníkové sušenky

SLOŽENÍ:
- ½ kila oloupaných brambor
- 5 lžic tekutého kokosového oleje
- ½ šálku datlového sirupu nebo jiného sirupu
- 2 lžičky jedlé sody
- 2½ hrnku hladké špaldové mouky nebo hladké pšeničné mouky
- ½ šálku škrobu
- 4 lžíce perníkového koření
- 1 lžíce kakaa

INSTRUKCE:
a) Brambory vařte, dokud nejsou měkké, poté vychladněte a zrýžujte je v rýžovači na brambory. V misce smíchejte datlový sirup a kokosový olej.
b) V samostatné nádobě smíchejte mouku, škrob, jedlou sodu a perníkové koření. Po přidání tekutin uhněteme těsto.
c) Pekáč nebo podložku poprášíme moukou a těsto rozválíme na tloušťku asi 5 mm.
d) Pomocí vykrajovátek na sušenky vykrajujte různé tvary. Předehřejte troubu na 170 °C/325 °F a pečte 10 minut. Nechte vychladnout a ozdobte dle libosti.

89. Pečená jablka s ovocem a ořechy

SLOŽENÍ:
- 6 pečených jablek, omytých a zbavených jádřinců
- 6 polévkových lžic veganského granulovaného sladidla
- 6 polévkových lžic jahodových nebo meruňkových ovocných konzerv
- ½ šálku nasekaných vlašských ořechů

INSTRUKCE:
a) Předehřejte troubu na 350 stupňů Fahrenheita. Vložte jablka do pekáče a ujistěte se, že se dotýkají a pevně sedí.
b) Do jádra každého jablka dejte 1 lžičku cukru a poté zavařeniny. Na závěr přidejte ořechy. Do pekáče je třeba přidat jeden centimetr vody.
c) Předehřejte troubu na 350 °F a pečte 30 minut, nebo dokud jablka nezměknou.
d) Ihned podávejte nebo vychlaďte.

90. Veganský Berry cheesecake

SLOŽENÍ:

- 4 (8oz / 225 g) balení veganského smetanového sýra
- 0,5 oz. Agar Agar + 1 šálek horké vody
- 1 krabička (3 oz) veganského citronového želé + 1 šálek horké vody
- 1/4 šálku moučkového cukru
- oplatky
- Čerstvé jahody nebo maliny
- 2 krabice (3 unce každá) veganského jahodového želé

INSTRUKCE:

a) V šálku horké vody rozpusťte 2 balíčky agaru a 1 šálek citronového želé.

b) Když je sýr hotový, šlehejte ho asi 2 minuty, nebo dokud nebude nadýchaný. Agar Agar a želé by měly být přidávány po troškách.

c) Míchejte, dokud nezmizí všechny hrudky. Přidejte cukr a pokračujte v šlehání, dokud se vše dobře nespojí.

d) Na dno jarní formy položte vanilkové oplatky. Naplňte pánev směsí smetanového sýra. Dejte do lednice alespoň na 2 hodiny.

e) Udělejte jahodové želé s polovičním množstvím vody (1 šálek na každou krabici, celkem 2 šálky ze dvou krabic). Nechte několik minut vychladnout.

f) Na ztuhlou sýrovou směs položte jahody. Nechte v chladu, dokud želé neztuhne, poté ji nalijte na jahody.

91.Sladký obilný pudink

SLOŽENÍ:
- 1 šálek pšeničných bobulí nebo ječmene
- 4 lžíce javorového sirupu
- ½ šálku (115 g) cukru
- 2 šálky (450 g) máku
- bakalie

INSTRUKCE:
a) Po opláchnutí pšeničné bobule namočte přes noc.
b) Zrnka namočte do vody, dokud nezměknou, poté sceďte na sítu.
c) Smíchejte mák, javorový sirup, cukr, bakalie a pšeničné bobule v mixovací nádobě.

92. Ořechové půlměsícové sušenky

SLOŽENÍ:
- 1⅓ šálku (150 g) mouky
- 6 lžic kokosového másla
- ⅓ šálku (65 g) jemně mletých vlašských ořechů
- ¼ šálku (55 g) cukru

INSTRUKCE:
a) Předehřejte troubu na 300 stupňů Fahrenheita (150 stupňů Celsia).
b) Všechny ingredience smícháme dohromady v těsto.
c) Těsto rukama rozválejte na dlouhý provaz a nakrájejte ho každých 3 palce (7,5 cm).
d) Z každého dílu vytvarujte půlměsíc a dejte na plech.
e) Pečte asi 20 minut, nebo dokud sušenky lehce nezhnědnou. Před poprášením moučkovým cukrem nechte vychladnout.

93. Švestkový guláš

SLOŽENÍ:
- 2 lb. (900 g) čerstvých švestek
- volitelně: ¾ šálku (170 g) cukru

INSTRUKCE:
a) Švestky opláchněte a odstraňte pecky.
b) Švestky přiveďte k varu v malém množství vody (jen tolik, aby byly zakryté) a občas promíchejte.
c) Po dvou hodinách můžete přidat cukr pro sladší chuť.
d) Když guláš zhoustne a většina vody se odpaří, nalijte do sklenic a uložte na chladné místo.
e) Ke konci doby vaření přidejte muškátový oříšek, citronovou šťávu nebo skořici pro větší chuť.

94.Marmeláda

SLOŽENÍ:
- 2 lb. (900 g) čerstvého ovoce, jako jsou jablka, hrušky, meruňky, třešně a/nebo jahody
- 1¾ šálku (395 g) cukru

INSTRUKCE:
a) V závislosti na ovoci nebo ovoci, které používáte, je očistěte, oloupejte a vypeckujte.
b) Za občasného míchání přiveďte k varu v malém množství vody (stačí na zakrytí).
c) Když je ovoce měkké, rozmixujte v mixéru nebo nastrouhejte na nejmenších otvorech.
d) Za stálého míchání vaříme na mírném ohni, dokud hmota nezhoustne.
e) Nalijte do skleněných nádob a uchovávejte v chladu.

95.velikonoční dort

SLOŽENÍ:
KRUHOVÁ KŮRA
- 1 ½ šálku mouky
- ½ šálku cukru, jemně zrnitý
- ½ šálku kokosového másla
- 1 lžička vanilkového extraktu (volitelně)

POLEVA
- 1 ½ šálku Vegan Dulce de leche
- ořechy, sušené ovoce, bonbóny na ozdobu

INSTRUKCE:
a) V kuchyňském robotu smíchejte mouku a cukr a rozmixujte dohladka. Poté přidáme kokosové máslo nakrájené na malé kousky a ušleháme, až se drobí.
b) Smíchejte vodu a volitelnou vanilkovou esenci v samostatné misce.
c) Předehřejte troubu na 350 °F a těsto vtlačte do formy podle vašeho výběru. Buď udělejte okraje přitlačením těsta po stranách nebo vytvořte samostatný ozdobný okraj s trochou těsta.
d) Dno těsta propíchejte vidličkou, aby se nenafouklo. Poté jej pečte při 375 stupních Fahrenheita asi 30 minut.
e) V závislosti na velikosti a tvaru vaší pánve pečte kůrku 20–35 minut na středovém roštu trouby. Kůrka zezlátne a vaše kuchyně se naplní vůní kokosového másla. Po vyjmutí z trouby nechte vychladnout.
f) Použijte Vegan Dulce de leche nebo jakoukoli jinou karamelovou pomazánku. Karamel zahřejte umístěním do hrnce. Nalijte karamel do skořápky koláče a nechte několik minut stát.
g) Připravte si jedlé ozdoby, zatímco vám karamel tuhne.

96.Pudinkový vanilkový pudink

SLOŽENÍ:

- ½ lusku z vanilkového lusku, může být sub s ½ lžíce vanilkového extraktu
- 2 šálky + 2 lžíce rostlinného mléka
- 5-7 lžiček cukru
- 3 lžíce bramborové mouky, může podlévat kukuřičnou moukou nebo kukuřičným škrobem
- 3-4 lžičky malinového sirupu, k podávání, volitelné

INSTRUKCE:

a) Půlku vanilkového lusku podélně rozřízněte a nožem vyškrábněte fazole. Odstraňte z rovnice.
b) Přiveďte 1,5 šálku (350 ml) rostlinného mléka, vanilkové lusky a cukr k varu.
c) Smíchejte bramborovou mouku se zbylým chladným rostlinným mlékem. Rychle promíchejte metličkou, aby se ve vroucím rostlinném mléce netvořily hrudky.
d) Přiveďte k varu a poté za stálého míchání vařte asi 1 minutu, nebo dokud pudink nezhoustne.
e) Po odstavení z ohně nalijte do jednotlivých dezertních sklenic nebo misek.
f) Pokapeme pár kapkami malinového sirupu a ihned podáváme.

97. Cream Fudge

SLOŽENÍ:
- 1/2 šálku cukru
- 2–14 uncové plechovky kondenzovaného rostlinného mléka
- 1/3 šálku kokosového másla

INSTRUKCE:

a) Smíchejte cukr a kondenzované rostlinné mléko ve středním hrnci. Jakmile se začne vařit, snižte teplotu na minimum a pokračujte v jemném a nepřetržitém míchání. Při míchání je třeba postupovat velmi opatrně.

b) Po 15–20 minutách varu přiveďte směs na teplotu 225–235 °F. Sundejte pánev z plotny a přidejte kokosové máslo za stálého šlehání po dobu 3 minut.

c) Těsto nalijte do připravené pánve a úplně vychladněte, než dáte chladit alespoň na 30 minut.

d) Vyjmeme z pánve a nakrájíme na kousky. Omotejte kolem každého voskovaný papír. Zabalené porce by měly být skladovány v zakryté nádobě, aby se zabránilo vysychání.

98. Mandle v Chocolate Plums

SLOŽENÍ:
- 24 sušené švestky, vypeckované (sušené švestky)
- 24 celé mandle, pražené
- 8 unce polosladkých čokoládových lupínků
- drcené ořechy, na zdobení

INSTRUKCE:
a) Předehřejte troubu na 350 °F a vyložte plech alobalem nebo voskovaným papírem.
b) Čokoládu dejte do mikrovlnné trouby, dokud se úplně nerozpustí.
c) Pokračujte v míchání, dokud nebude čokoláda hladká, poté ji dejte stranou, aby trochu vychladla, zatímco budete připravovat sušené švestky.
d) Umístěte mandle do středu každé švestky, jednu na každou švestku.
e) Ponořte každou sušenou švestku do čokolády a úplně ji utopte.
f) Položte cukroví na připravený plech a dokud je čokoláda ještě mokrá, posypte povrch drcenými ořechy, pokud chcete.
g) Po umístění všech sušených švestek na plech nechte před podáváním 30 minut chladit, aby čokoláda ztuhla.
h) Uchovávejte v chladničce po dobu až jednoho týdne ve vzduchotěsné nádobě.

99. Veganské sladké sýrové rolky

SLOŽENÍ:
D OUGH
- 250 g / 2 hrnky pšeničné mouky
- ¼ lžičky jemné soli
- 7 g / 2¼ čajové lžičky instantního sušeného droždí
- 35 g / 3 polévkové lžíce cukru
- Cca. 160 ml / 2/3 šálku vlažného rostlinného rostlinného mléka
- 30 g / 2 vrchovaté polévkové lžíce jemného kokosového oleje
- 2 lžičky rostlinného rostlinného mléka + 1 lžička javorového sirupu

PLNICÍ
- 135 g / 1 šálek syrových kešu ořechů, namočených
- 1 citron, kůra + 2-4 lžíce šťávy
- 2 lžičky vanilkového extraktu
- 80 ml / 1/3 šálku javorového sirupu nebo cukru
- 80 ml / 1/3 šálku rostlinného rostlinného mléka
- 15 g / 1 vrchovatá polévková lžíce jemného kokosového oleje nebo veganského kokosového másla
- 150 g / 5,25 unce zralé bobule

INSTRUKCE:
PLNICÍ
a) Umístěte všechny tekutiny na dno mixéru.
b) Přidejte okapané a omyté kešu a mixujte do sametově hladkého.

D OUGH
c) Ve velké míse smíchejte mouku, sůl, instantní droždí a cukr.
d) Nalijte většinu rostlinného mléka (vydržte 1 polévkovou lžíci).
e) Jakmile směs zůstane téměř pohromadě, vyklopte ji na pracovní plochu.
f) Uhněteme těsto tak, že jeden konec uchopíme v jedné ruce a druhou těsto roztáhneme.
g) Do těsta zapracujte kokosový olej (nemusíte ho rozpouštět).
h) Vytlačte z těsta všechen vzduch a jakmile nakyne, rozdělte ho na 6-7 podobných částí.
i) Z každé porce sviňte kouli a položte ji na lehce olejem vymazaný plech a přikryjte kuchyňskou utěrkou.

j) Předehřejte troubu na 180 stupňů Celsia (355 stupňů Fahrenheita).
k) Rukou každou kuličku zploštěte a poté do každé kuličky vtlačte lehce naolejované skleněné dno, abyste vytvořili hlubokou zářez pro náplň.
l) Pokud těsto vyskočí, použijte prsty k dokonalosti tvaru otisku.
m) Naplňte lahodnou „sýrovou" směsí, kterou jste vyrobili dříve, a navrch bobule.
n) Těsto potřeme směsí rostlinného mléka a javorového sirupu (ne náplň).
o) Předehřejte troubu na 350 °F a pečte 20 minut.

100.Ukrajinské dušené zelí soufflé

SLOŽENÍ:
- 1 každý zelí, velké, s neporušenými vnějšími listy
- 1 každá cibule, velká, nasekaná
- 4 lžíce másla
- 1½ lžičky soli
- ¾ šálku mléka
- ½ lžičky vloček červené papriky
- 1 lžička bílého pepře
- 1 lžička majoránky
- 3 žloutky
- 5 bílků
- 1 lžička cukru
- ½ každého stroužku česneku, mletého

INSTRUKCE:
a) Zelí zbavíme jádřinců a odstraníme vnější listy. Tyto velké vnější listy blanšírujte ve vroucí vodě po dobu 5 minut. Sceďte a dejte stranou. Zelí zbavíme jádřinců, nakrájíme na kousky a dáme do velkého hrnce.
b) Zelí zalijeme mlékem a dusíme 25 minut nebo dokud zelí nezměkne. Na másle zpěníme cibuli a česnek. Smícháme nakrájené zelí, cibuli a česnek, máslo z restování, strouhanku, žloutky a koření.
c) Z bílků ušlehejte tuhý, ale ne suchý sníh a poté je vmíchejte do směsi. Blanšírované kapustové listy rozložte na velkou sýrovou utěrku. Ujistěte se, že se překrývají a že se směs vejde do středu s dostatkem místa.
d) Do středu listů navršte náplň. Přeložte listy nahoru, aby zakryly náplň. Rohy sýrového plátna spojte k sobě a svažte je k sobě provázkem.
e) Tento svazek opatrně umístěte do cedníku a cedník umístěte do hluboké nádoby na několik centimetrů vody. Hrnec přikryjte, aby těsnil. Přiveďte hrnec k varu a vařte 45 minut.
f) Odvažte sýrovou utěrku, obraťte a odstraňte sýrovou utěrku.
g) Podávejte tak, že suflé nakrájíte na měsíčky.

ZÁVĚR

Doufáme, že na konci naší kulinářské cesty „Autentickou ukrajinskou kuchyní" jste zažili radost z objevování oduševnělých a potěšujících chutí, které definují ukrajinskou kuchyni. Každý recept na těchto stránkách je oslavou bohatých tradic, rozmanitých chutí a vřelosti, díky kterým je ukrajinské vaření jedinečným a příjemným zážitkem – svědectvím o radosti, která přichází s každým jídlem.

Ať už jste si užili bohatost boršče, přijali jste pohodlí varenyky nebo si dopřáli sladkosti ukrajinských dezertů, věříme, že tyto recepty podnítily vaši vášeň pro znovuvytvoření autentických chutí Ukrajiny. Kéž se „Autentická ukrajinská kuchyně" stane kromě přísad a technik zdrojem inspirace, spojením s kulturními tradicemi a oslavou radosti, která přichází s každým chutným výtvorem.

Při dalším objevování světa ukrajinské kuchyně ať je tato kuchařka vaším důvěryhodným společníkem a provede vás řadou receptů, které předvedou bohatost a oduševnělou povahu ukrajinských kuchyní. Zde si můžete vychutnat autentické chutě, znovu vytvořit tradiční jídla a přijmout radost, která přichází s každým soustem. Смачного! (Dobrou chuť!)

www.ingramcontent.com/pod-product-compliance
Lightning Source LLC
Chambersburg PA
CBHW071329110526
44591CB00010B/1077